DE VENUS A BOTERO

Breve historia de la Obesidad

Título: De Venus A Botero

Autor: Félix J. Fojo

Maquetación : Armando Nuviola

Correcciones: Yovana Martínez

Diseño de portada: Armando Nuviola

UNOS & OTROS EDICIONES

Información de Catalogación de publicaciones disponible en la Biblioteca del Congreso de los Estados Unidos.

ISBN 10: 0998822205

ISBN-13: **978-0998822204**

2013912398

www.unosotrosculturalproject.com

felixfojo@gmail.com

infoeditorialunosotros@gmail.com

Made in USA, 2017

2da Edicción

DE **VENUS**
A **BOTERO**

Breve historia de la Obesidad

ÍNDICE

LA OBESIDAD CAMBIA DE SIGNO

LA OBESIDAD. EL GRAN ENEMIGO A VENCER

A los millones y millones de obesos que esperan, y merecen, algo más que palabras, consejos, regaños, dietas imposibles, extraños ejercicios, artilugios medievales, medicamentos inconclusos, intervenciones quirúrgicas mutiladoras, y más o menos buenas intenciones de los divulgadores, expertos en todo, entrenadores, mercaderes, médicos, científicos, investigadores y gestores de salud.

¿Estoy exagerando la cosa? Ve a Wisconsin. Pasa una del Medio Oeste. Observa la masa de adolescentes pálidos, blancuzcos, engordados a fuerza de patatas fritas Pringles, morbosamente obesos. Después dime si me preocupo por tonterías. Esos adolescentes son el producto final de los cerebros de la seguridad y la ética, atiborrados de queso que no tiene queso, de frituras en aceite que no es aceite de verdad, de discos grises recocidos de lo que alguna vez pudo haber sido carne. Una dieta constante de Ho Hos y bolos, palomitas sin mantequilla, gaseosas sin azúcar, insípida cerveza light. Una manada dócil, perpleja, llevada poco a poco a un sacrificio estúpido, prolongado y sombrío.

ANTHONY BOURDAIN

Viajes de un chef

Introducción

Todos, por lo menos todos los que vivimos en países con un nivel de desarrollo económico alto o relativamente alto, tenemos la sensación de que cada vez hay más personas gordas, u obesas, para hablar con propiedad. Esta percepción se acompaña de un incremento real, demostrado estadísticamente, de condiciones que tienen, o parecen tener, una estrecha relación con el aumento de peso corporal: la hipertensión arterial, la diabetes *mellitus* tipo II, la hipercolesterolemia, el síndrome dismetabólico, diversos trastornos del sueño, desórdenes psicológicos, lesiones articulares degenerativas, e incluso algunos tipos de cánceres.

Si el peso corporal promedio de los seres humanos está aumentando y si existe una correlación real entre este incremento —al que solemos denominar popularmente como gordura— y estos padecimientos antes mencionados, entonces debemos aceptar que nos enfrentamos a una verdadera epidemia, o peor aún, a una pandemia con un altísimo coste económico, además de la pérdida de calidad de vida y la mortalidad anticipada.

Por otra parte, ayudar a los humanos a engordar, proceder muy venido a menos, o crear recursos para que supuestamente bajen de peso, se ha convertido también en un gigantesco y creciente negocio. Una parte considerable de la industria alimenticia, cosmética, de la moda, de los servicios médicos, de la prensa, e incluso del arte tiene mucho que ver con la gordura, aunque esta desagradable palabra se mencione poco, salvo para denostarla.

Digámoslo de otra forma: vivimos sometidos a una avalancha de artículos y productos para gente bella y para ser más bellos, para gente sana y para ser más sanos, para gente «en forma» y para estar aún más «en forma», pero al mismo tiempo cada vez somos más gordos y estamos más inconformes con nuestro aspecto físico, con nuestro fenotipo. Como diría un biólogo, y aunque vivimos más tiempo en promedio, desarrollamos percepciones, condiciones y enfermedades que hacen nuestra estancia en el planeta poco placentera y, para muchos, muy sufrida.

Se reconoce abiertamente que esta epidemia de obesidad no solamente se va extendiendo cada vez más, sino que también se va haciendo presente en edades más tempranas. Los obesos son cada vez más precoces —como los genios, pero en más cantidad— y ese hecho tiene un significado ominoso por dos razones.

La primera razón es obvia, los niños y adolescentes van a estar expuestos mucho más temprano a todos los riesgos y complicaciones que antes no se hacían presentes hasta edades más avanzadas. No es lo mismo debutar como diabético a los treinta años que a los sesenta o setenta. No es lo mismo que nuestras rodillas carguen con el sobrepeso por cuarenta años que por diez. Y ni pensar en los costes económicos que este tipo de precocidad en el sobrepeso genera.

Pero la segunda razón no suele ser comentada comúnmente y, sin embargo, tiene un riesgo potencial mucho mayor para toda la humanidad: los cambios epigenéticos, a diferencia de los genéticos, pueden producir modificaciones en el genoma (o en la manera de operar, expresarse, el genoma) que son transmisibles en breves períodos de tiempo, y estos cambios, al producirse antes de la procreación (en la edad reproductiva), comprometen a la descendencia.

Si bien es verdad que esto no está absolutamente probado, también es verdad que la obesidad crece exponencialmente en todo el mundo, al mismo tiempo que los niños y adolescentes obesos también crecen exponencialmente.

Al mismo tiempo, después de estudiar la obesidad desde diferentes ángulos por más de cuarenta años, coincidimos en que no existe una explicación única y coherente para este fenómeno de masas, valga la expresión en ambos sentidos. A diferencia de otras enfermedades achacables a un virus, una bacteria o un fenómeno de desbalance inmunológico, la obesidad parece estar estrechamente relacionada con la propia historia genotípica, social y tecnológica de la humanidad. La obesidad común no es solo una condición poligénica, sino también puede clasificar como una aberración sociológica, económica e histórica.

Y algo que me preocupa aún más como médico y como ser humano que comparte con personas de carne y hueso: el sufrimiento que se les impone a esas personas, bellas de alma y bellas físicamente a las que se les hace creer, consciente o inconscientemente, que no lo son.

Con esto en mente, decidimos explorar esa historia: la historia de la gordura y sus múltiples interacciones con la evolución de la sociedad y el hombre. Este no es un libro de dietas o de tratamientos para bajar de peso, aunque serán mencionados sin duda; tampoco es una descripción médica de la obesidad ni un tratado de biología de la misma.

Mucho menos es un estudio pormenorizado de nuevas y «formidables» técnicas bariátricas o reconstructivas. Es simplemente una breve historia de cómo el hombre se ha hecho cada vez más corpulento, más grueso, más obeso. De cómo, y quizás por qué, el paisaje de la gordura es uno de los más comunes en todas las ciudades (y en los campos) del planeta. En fin, no es más que una breve historia de la obesidad.

CUANDO SER OBESO ERA...

Capítulo 1

¿Era Venus nutricia?

Lo afirmamos. Solamente los humanos hubieran podido salvar a los dinosaurios.

Un vehículo espacial con una carga nuclear podría haber desviado de su curso el enorme meteorito que supuestamente acabó con esos grandes animales al chocar contra el planeta, pero... no había humanos para hacerlo.

Resulta una ironía que con la mala prensa que tenemos los hombres actuales, en cuanto a la destrucción de especies, se nos ocurra plantear la hipotética salvación de los saurios gigantes mediante el empleo de armas de destrucción masiva. Pero así somos. Contemos entonces, en unos pocos párrafos, la historia de cómo llegamos hasta aquí.

Entre seis y ocho millones de años atrás, cuando ya la vida tenía una larguísima historia y habían aparecido y desaparecido decenas de miles de especies vegetales y animales diferentes, comenzó a moverse, por algunas zonas del África oriental, continente aún sin nombre, un pequeño grupo de mamíferos que podían, de vez en cuando, lanzar alguna piedra y quizás erguirse en las dos patas traseras.

Los restos que se han encontrado de estos seres son pocos y fragmentarios, y los estudiosos, paleontólogos y antropólogos les han denominado Ardipithecus. En realidad, se han encontrado por lo menos cuatro tipos diferentes, pero el más común es el Ardipithecus. Estos animales, porque animales eran, fueron evolucionando, muy confusamente para nuestros conocimientos actuales, y dieron lugar, por una parte, a los Australopithecus (afarensis, aficanus, anamensis, etc.), y por otra a los denominados Paranthropus.

Para algunos especialistas, los Paranthropus conforman un linaje diferente y no tienen nada que ver con los Australophitecus, pero no nos compliquemos la vida. Casi todos los años se hacen nuevos descubrimientos y la genética moderna puede que ponga orden en esta caótica historia.

¡Puede incluso que llegue a clonar a uno de estos seres!

Continuemos entonces. Hace algo menos de dos millones de años aparecen los primeros homos: *Homo ergaster, Homo erectus, Homo habilis, Homo antecessor, Homo rudolfensis* y algunos otros. Todos caminan ya erguidos, poseen cerebros más o menos grandes y fabrican algunos instrumentos de piedra, pero no son humanos en el estricto sentido de la palabra.

Algunos de ellos han salido de África, su lugar primigenio, su cuna, y sus restos fosilizados aparecen hoy en diferentes lugares de Asia y Europa. Algunos desaparecen para siempre y otros evolucionan. Los que evolucionan dan lugar, aproximadamente 200,000 años atrás, a dos especies que habrían de convivir juntas (no sabemos si revueltas) durante miles de años y que incluso los primeros investigadores habrían de confundir en ocasiones.

Estamos hablando del *Homo neanderthalensis* y del *Homo sapiens*. El primer grupo, que conocía y empleaba el fuego, fabricaba herramientas y armas primitivas, creaba arte y enterraba a sus muertos, desapareció completamente de la faz de la Tierra entre 25,000 y 30,000 años atrás. La otra especie... somos nosotros.

Lo que ocurrió con los neandertales es un misterio. No

tenemos una respuesta científica satisfactoria y pudiéramos estar ante un *thriller* espeluznante, pues una de las teorías en boga es la del profesor Chronis Tzedakis, de la Universidad de Leeds, que plantea la posibilidad de que el *Homo sapiens*, los cromañones, o sea, nosotros, haya llevado a cabo una limpieza étnica total con los neandertales. De confirmarse esta teoría, monstruos como Hitler, Stalin y Pol Pot pasarían a ser meros aprendices bastante incompetentes. Por supuesto que existen otras explicaciones: glaciaciones muy crudas, desaparición del alimento habitual, degradación genética por apareamientos entre pocos individuos (endogamia extrema), enfermedades epidémicas y otras.

El profesor Svante Pääbo, del Instituto Max Planck, en Alemania, ha logrado obtener largas cadenas de ADN de un neandertal hallado en Croacia (existen otros estudios en marcha), que pudieran probar alguna relación reproductiva entre neandertales y cromañones que, de ser cierto, explicaría alguna ganancia de los últimos, probablemente más inteligentes, pero menos adaptables a climas muy fríos. Sea como sea, los neandertales se extinguieron y quedamos nosotros para «dominar» el planeta.

¿Y la gordura?

Aquellos primeros humanos, digamos que unos 25,000 años atrás, debían sobrevivir en un medio natural extremadamente adverso, brutal, lleno de amenazas constantes y sometidos al vaivén del clima.

Pongamos un ejemplo que puede ser ilustrativo. Un miembro de las fuerzas militares especiales de cualquier país desarrollado va a pasar un entrenamiento de sobrevivencia en una zona selvática. Es joven y de excelente salud, está bien nutrido y tiene sus vacunas al día, va equipado con un arma de fuego poderosa, munición de repuesto, un cuchillo de acero afilado, fósforos, comida enlatada y en barras, una cantimplora con agua y tabletas potabilizadoras, equipo de visión nocturna, brújula, GPS, uniforme térmico, *spray* repelente y un aparato de radio. Si algo se torciera: una caída con fractura ósea, la mordedura de una serpiente venenosa o la pérdida del equipo y la orientación, solamente tendría que activar una microbaliza posicional y muy pronto aparecería un equipo de ayuda en un helicóptero a rescatarlo.

Pues bien, nuestro *Homo sapiens* de hace 25,000 años estaba en unas condiciones semejantes, pero con algunas variantes. No tenía absolutamente ninguna de las herramientas sofisticadas que hemos mencionado, casi nunca estaba bien nutrido, su protección frente a las enfermedades era casi nula, sus manos, y quizás un palo o una piedra, constituían todo su armamento defensivo, y, sobre todo, nadie vendría a rescatarlo; y toda su vida, desde el nacimiento hasta la muerte, casi siempre prematura, la pasaría en el mismo lugar y en las mismas condiciones.

Semejantes condiciones de vida llevarían, poco a poco, a que este hombre, obligado a valerse por sus propios medios, fuera creando conexiones neuronales que, a la larga, aunque en un proceso geométricamente ascendente, lo convertirían en ese ser humano dotado de pensamiento que somos hoy.

Pensamiento abstracto, capacidad de planificar, combinaciones de ideas sobre diferentes aspectos de la vida, simbolismos, y constante e ilimitada generación de preguntas y respuestas convirtieron aquel cerebro reactivo en el cerebro humano, maquinaria computacional (y espiritual) que no tendría ya rivales de consideración.

¿Y en qué se tradujo eso?

Pues en ese salto, primero muy, muy lento, casi imperceptible y después en una carrera cada vez más rápida, que aún no ha terminado, por crear herramientas, armas, formas de cubrirse y protegerse, control del fuego, incremento de la nutrición y, sobre todo, transmisión de información a sus descendientes. Y también su genética sufrió cambios.

Miremos un poco más de cerca estos hechos.

Comencemos por la genética. La alimentación de aquellas criaturas que aún no conocían la agricultura, la ganadería y los medios de almacenamiento, era totalmente aleatoria. Dependía del *carroñeo* o del hallazgo de una fuente nutricia —un animal comestible y grande que pudiera ser cazado—. Cuando esto ocurría se producía un festín, una rápida y gran comilona de carne y grasas, que debía concluirse antes de que se echara a perder irremediablemente el alimento o antes de que otras fieras o rivales acudieran al llamado del olor.

Los que tenían la capacidad de almacenar la grasa excedente en su propio cuerpo, hoy sabemos que en unas células denominadas adipocitos, podían contar con un relativo seguro alimenticio para los tiempos de abstinencia, que casi invariablemente venían después. Los que no contaban con esa capacidad —menos células de grasa— estaban francamente en desventaja y eso solía pagarse muy caro.

Claro que esta descripción es muy esquemática. Aquellos hombres también comían frutos, insectos, algunas aves, raíces y hojas que les brindaban fibras, vitaminas, algo de proteínas de baja calidad y carbohidratos que se gastaban muy pronto en el constante esfuerzo físico propio de aquella vida, pero no siempre podían obtenerse en cantidades suficientes, y el aparato dentario y los sistemas enzimáticos digestivos no eran aptos, en general, para procesar la mayoría de los vegetales.

Con el tiempo, la cocción vino a cambiar esta situación e hizo su aparición la sopa, un adelanto gastronómico gigantesco en el largo camino del desarrollo humano. Pero la facultad de almacenar grasa seguía teniendo importancia, y los entramados genéticos, no un gen único, sino una batería de genes actuantes, genes facilitadores y espacios «inactivos» del genoma que favorecían la acumulación de reservas, fueron haciéndose más comunes en el hombre, y la mujer, claro está, primitivos.

Este mecanismo teórico que hemos esbozado fue propuesto en 1962 por el profesor James Neel, profesor de genética en la Escuela Médica de la Universidad de Michigan. Y lo llamó *thrifty genotype*, o genotipo ahorrador, como se le conoce en español.

Paradójicamente, el Dr. Neel, que dedicó una buena parte de su vida al estudio de los cambios genéticos producidos por las bombas atómicas de Hiroshima y Nagasaki, declaró poco antes de morir (año 2000) que ya no estaba muy seguro de su propia teoría y que creía que el alto consumo de calorías vacías en la época actual es lo que había incrementado la obesidad presente.

Quizás tenía razón, o es posible que su muerte, ocurrida antes del éxito de la decodificación del genoma humano completo (2001), le impidiera ver más claro en los complicados sistemas de interacción genético-hormonal. Muchos investigadores piensan hoy que la obesidad se debe a la asociación de una estrategia genómica, una nueva forma de denominar al viejo gen ahorrador, y los malos hábitos de vida y alimentación modernos. Pero nos estamos adelantando en el tiempo.

¿Y qué sabemos de la cultura y el arte de aquellos hombres?

Pues sabemos algo, no todo lo que quisiéramos, pero se han encontrado en cuevas y enterramientos suficientes pruebas de su destreza para la pintura y la representación escultórica. Estamos frente a hombres que tienen ya una forma simbólica, además de la puramente práctica de ver la vida y de explicársela. Se trata de los inicios de lo que luego sería la filosofía, las ideas religiosas y el arte.

Por definición, el arte prehistórico debe incluir todas

las formas de creación de los pueblos primitivos: africanos, mesoamericanos, asiáticos, etc., pero eso rebasa lo que nos interesa recalcar en este libro. Por tanto, solamente nos vamos a referir brevemente a las pinturas rupestres y a las famosas Venus europeas.

El arte pictórico paleolítico superior (entre 30,000 y 10,000 años ANE) se encuentra fundamentalmente en las cavernas de la zona cantábrica española: Altamira, El Castillo y Bustillos, y en la zona sur francesa: Lascaux y Font de Gaume. Es un arte considerado propiciatorio para la caza y, por tanto, para atraer la comida. Escenas de cacerías donde los animales ocupan el lugar fundamental (el futuro alimento) y el cazador un lugar secundario.

Pero lo verdaderamente impresionante para el tema de este trabajo son las pequeñas estatuillas bautizadas en tiempos modernos como Venus.

Se trata de figuras talladas en calcita, piedra serpentina, carbón vegetal, astas de renos, colmillos de mamut, hematita, arcilla y otros materiales más o menos comunes. Son bastante pequeñas, casi siempre entre 7 y 25 centímetros de alto, aunque se han encontrado algunas, como la denominada Diosa Pez —conservada en la Universidad de Belgrado— de 51 centímetros de altura. Invariablemente se trata de mujeres. Se conocen unas 300, aunque es posible que algunos coleccionistas privados tengan alguna que otra fuera de circulación.

No son privativas de una zona específica y se siguen hallando, lo que demuestra que su uso, fuera el que fuese, era de valor para toda aquella población. Las más famosas son las de Willendorf (11 cm, Museo de Viena), Dolni Vestonice (11 cm, Museo de Brno), Grimaldi o La Polichinela (8.1 cm, Museo de Saint Germain), Lespugue (14.7 cm, Museo del Hombre, París) y el bajorrelieve de Laussel (48 cm, Museo de Burdeos).

Todas, o casi todas, conforman un homenaje explícito a lo que denominaríamos hoy obesidad ginecoide. Mujeres de cabeza relativamente pequeña, sin rostro, muchas veces sin brazos, con senos enormes y colgantes, grandes nalgas (esteatopigia), despampanantes caderas, barrigas (casi ninguna parece estar embarazada) y genitales muy marcados y desproporcionadamente voluminosos.

La celulitis, aunque no específicamente representada, se da por sentada. Un detalle interesante: nunca son encontradas en enterramientos, sino en restos de cabañas y cuevas donde habitaban los vivos.

¿Qué estamos describiendo? ¿Para qué servían estas estatuillas?

Realmente, no lo sabemos. Las explicaciones son muchas y disímiles y a veces muy traídas por los pelos. Veamos: durante muchos años se las consideró diosas de la fertilidad, tanto para la maternidad humana como para atraer abundante alimento, pero no existe una sola prueba científica o histórica que esa fuera su verdadera función. En 1996, el antropólogo Leroy McDermott especuló con la posibilidad de que fueran esculpidas por mujeres, como una forma de autorretratarse a sí mismas —¿*selfies* prehistóricos?—, pero tampoco pudo ofrecer una prueba razonada de que fuera el caso.

Se ha hablado de que constituían un homenaje de los hombres a la fertilidad de sus mujeres, lo cual también es pura especulación ¿Y qué tal si fueron las lejanas predecesoras de Playboy y las películas XXX? Esto es una *coña*, pero tiene tanto valor como cualquier otra hipótesis, y de ser así, constituiría una prueba de que aquellos hombres del Paleolítico admiraban y deseaban las carnes voluminosas y las masas mórbidas ¿Hasta qué punto el onanismo era común? No lo sabemos tampoco.

La realidad es que las mujeres delgadas tenían muy mala prensa en aquel tiempo, lo que tiene mucho sentido a la luz del gen ahorrador.

¿Qué mejor madre y mujer que aquella que llevaba consigo, en sus adipocitos exagerados, la reserva tan necesaria para sobrevivir las malas épocas y mantener, con sus grandes pechos, a las crías?, ¡y quien quita que a los propios cazadores y guerreros con vida!

¿Y después?

Pues después vino la agricultura, la ganadería, la gastronomía. En fin, la Revolución Neolítica, como la denominó el arqueólogo australiano Vere Gordon Childe (1892-1957).

O sea, el futuro.

Una comida perfumada y una experiencia estimulante

Si usted camina por algún paraje cercano al mar, en Islandia, y siente un fuerte olor a amoniaco —decir que huele a orina fermentada es un poco grosero—, no crea que hay desperdicios cerca, no, se trata casi seguramente de que están procesando carne de tiburones hákarl.

Este escualo no puede comerse fresco, pues tiene una gran cantidad de urea en su carne —carece fisiológicamente de riñones—, lo que la hace altamente tóxica para los mamíferos.

En el proceso de curado, que dura entre tres y cinco meses, se elimina casi toda la urea de la carne. Se excavan huecos en el suelo pedregoso, lo más que se pueda alejados de las zonas habitadas, y ahí se lleva adelante el «oloroso» proceso de curado.

A los extranjeros, los islandeses le brindan el hákarl con un aguardiente denominado brennivín, pero casi nunca pueden evitar que el invitado tenga arcadas y vomite. Siempre le instan, entre risas, a que se tape la nariz y trague rápido, ¡pero ni así!

El *sannakji* es otra cosa; es toda una experiencia límite.

No es más que pulpo, común y corriente, pero… vivito y coleando (tentaculeando quizás). La idea es que se lo pongan delante y usted corte parte de los tentáculos, que van a moverse desesperadamente, y se los trague sin masticarlos demasiado.

Son sabrosos —eso dicen—, aunque no dispone de mucho tiempo para tomarles el gusto.

Las estadísticas nos informan que todos los años ocurren unos seis fallecimientos en Japón entre los fanáticos de este plato. La muerte ocurre por ahogamiento, al alojarse el tentáculo en movimiento en la glotis y la tráquea.

Algunos de los que fallecen durante esta arriesgada aventura son extranjeros con mucho entusiasmo y muy poca experiencia en esta degustación gastronómica de alta peligrosidad.

¿Desea intentarlo?

Capítulo 2

La decadencia de los depredadores

Para nosotros, gente moderna, un milenio es mucho tiempo, y nos cuesta trabajo entender como el *Homo sapiens* ha vivido en esas condiciones de carencias y limitaciones espantosas que llamamos prehistoria, por doscientos mil, trescientos mil, o quizás más años.

Muchos, muchísimos más que esos 7000 años, ese brevísimo lapsus de tiempo del que guardamos información histórica más o menos confiable y del que, en general, nos enorgullecemos.

El *Homo sapiens sapiens*, que así nos nombramos científicamente nosotros mismos, primero tuvo que hacerse a sí mismo. Después, tuvo que imponerse a la naturaleza, sobrevivir y prevalecer, remontar varias glaciaciones, derrotar y quizás eliminar a otros homínidos (como el neandertal), extenderse por el planeta, viniendo en sucesivas oleadas desde lo más profundo del continente africano, invadir subrepticiamente a Eurasia, cruzar el estrecho de Bering —que en aquella época no era un estrecho, sino un irrelevante puente de tierra, y tampoco se llamaba Bering, claro está—, derramarse por las Américas, e incluso aprender a navegar para poblar las islas del Pacífico.

Hemos crecido oyendo hablar del famoso «eslabón perdido» y, sin embargo, nuestros antepasados humanos convivieron con él, o con ellos, durante miles y miles de años, aunque lamentablemente no disponían de escritura o cámaras fotográficas. Este larguísimo período solamente puede ser estudiado fragmentariamente, dependiendo de unos cuantos restos fósiles y sitios arqueológicos muchas veces descuidados o saqueados previamente.

Después de esta odisea, y una vez establecido como la única criatura capaz de crear riqueza, al principio muy magra, y de generar eso que llamaríamos después cultura, el hombre comienza a asentarse, a sedentarizarse.

¿Qué lo movió a cambiar su rutina de decenas de miles de años? Como en todo lo anterior, tampoco aquí tenemos una respuesta definitiva, aunque las hipótesis y teorías, probablemente demasiadas, se sobran.

Lo cierto es que la caza, la recolección, los vestigios del *carroñeo*, el nomadismo, declinaron ostensiblemente para dar paso a un proceso acelerado e inédito de territorialidad. La agricultura, la domesticación de animales, la división del trabajo, la aparición de excedentes alimenticios cambió dramáticamente la faz de este hombre y lo convirtieron, en unos pocos centenares de años, en... nosotros.

Este proceso no fue lineal y perfecto. Estuvo lleno de altibajos, retrocesos parciales, catástrofes, e incluso tragedias terminales en algunos casos. Tampoco fue un proceso sincrónico: cuando algunos grupos ya estaban estableciendo asentamientos que podían denominarse ciudades, otros estaban en estadios mucho más atrasados, o incluso en vías de desaparición, como podemos ver hoy en algunas etnias de la Amazonía. La práctica extinción de la sociedad maya en la América Central, proceso que está lejos de haber sido aclarado históricamente, es muy ilustrativo de los altibajos y retrocesos de la evolución social de la civilización.

¿Y qué fue de los pasaditos de peso? Pues siguieron existiendo, pero hubo algunos cambios importantes de percepción.

Con el asentamiento permanente y el desarrollo de

sociedades estables, los pequeños clanes y tribus errantes, formados por unas decenas o centenares de seres humanos, crecieron y se diversificaron. Hizo su aparición la esclavitud, producto de la observación inteligente de que un enemigo esclavizado prestaba servicios que un enemigo muerto no podía brindar, y acicate a su vez para guerras de rapiña y pillaje. Para tomar esclavos y controlarlos, aparecieron los guerreros, que a su vez fueron desarrollando una estructura militar de tipo piramidal, en cuya cima se asentaron los más fuertes, denominados después jefes, generales, reyes, emperadores, etc. Y con estos jefes, que ahora trabajaban solo de vez en cuando, llegó el ocio, los lujos y la desigualdad.

Los productos alimenticios se multiplicaron con el establecimiento de la agricultura, la ganadería y el incipiente almacenamiento. Eso trajo una nueva forma de intercambio, que con el tiempo sería conocida como comercio. Con los siglos, también traería la moneda, el dinero, uno de los inventos más trascendentales de la humanidad.

Los que tenían que trabajar todo el tiempo y comían poco y malo, que era la enorme mayoría, no podían ni soñar con engordar, pero los grupos pudientes, con acceso a excedentes alimentarios y tiempo libre comenzaron a disfrutar los placeres de la diversificación y sofisticación de los alimentos. Se inventaron los banquetes, las comilonas, las orgías. Muchas mujeres se mantenían gordas para alimentar a su prole, o incluso a los hijos de otras mujeres, y las reservas corporales no venían nada mal, pues de vez en cuando volvían las hambrunas y devastaciones que traían las guerras o los accidentes climatológicos imposibles de prever.

Y así fue surgiendo un nuevo tipo de gordura, sobre todo en las damas, pero también entre algunos varones. La gordura como ostentación de riqueza. No solo se enseñaban los adornos, las joyas y las armas ostentosas, sino las carnes como prueba de poder e imagen evidente de la posesión de esclavos y tiempo libre.

El promedio de vida también se elevó relativamente, pues la nutrición era más constante y de mejor calidad. Ya se consumían muchos de los alimentos que aún comemos nosotros: cereales, pan, miel, diversas frutas y verduras, frutos secados al sol, las primeras bebidas alcohólicas, leche, pescados, aves, varios tipos de carnes y algunos otros.

Con la utilización extensiva de formas más fáciles de hacer y mantener el fuego y el empleo de algunos utensilios de cocina, casi siempre de barro cocido, surgió el arte de cocinar. La gastronomía, que le dio una nueva dimensión a la alimentación, ya no solo como necesidad de vida, sino también como gusto y placer.

Un hombre rollizo, envuelto en carnes, debía ser un jefe, un noble o alguien cercano al poder. Una mujer envuelta en carnes era apetecible y bella, porque seguramente trabajaba poco o nada y podía dedicar tiempo a sí misma y a su hombre.

Faltaba aún mucho, muchísimo camino para el ritual de la figura esbelta, las dietas y la tortura del gimnasio.

Un barrigón atascado en una chimenea

¿Sabe usted quiénes son Donner, Blitzen, Comet, Cupid, Prancer, Vixen, Dancer y Rudolph?

Si su respuesta es que son los nombres de los renos que tiran del trineo de Santa Claus, pues entonces está usted listo para hacerse rico en un programa de preguntas y respuestas de la tele.

Este señor coloradote y gordo, propietario de los renos y el trineo, es bien conocido en casi —¿casi?— todos los países del mundo, solo que no por el mismo nombre.

Si usted es sueco lo conocerá como Jultomten; si nació en Holanda, entonces será para usted Sinterklaas; o Julemanden si fue en Dinamarca. En Rusia será Ded Moroz y en Rumanía, Mos Craciun. En Italia se le conoce como Babbo Natale, en Francia Père Noël y en Portugal, Pai Natal, pero en Brasil, donde también se habla portugués, le dicen Papai Noel. Los alemanes le nombran Nikolaus y los españoles, argentinos y colombianos: Papá Noel; los chilenos, de forma cariñosa, le llaman Viejo Pascuero; y los costarricenses, Colacho. Pero si usted es cubano, seguramente le va a llamar Santi Clos, aunque si se ha asentado en la Florida, puede que simplemente le diga Santa.

En fin, para qué continuar. De una forma u otra estamos hablando de uno de los gordos más conocidos de toda la Tierra. ¿Pero quién es?

Si una máquina del tiempo nos colocara en la ciudad de Nueva York, el 23 de diciembre de 1860, seguro que sentiríamos una cierta frustración: no veríamos por parte alguna la tan familiar imagen de Santa Claus, que hoy asociamos invariablemente a la Navidad en la Gran Manzana.

Probablemente estaría nevando, los carruajes haciendo sonar sus cascabeles y fotutos, los tenderos voceando sus mercancías y los organilleros tocando algún que otro tema navideño, pero el Santa barrigón, vestido de rojo escarlata, con su famoso «jo-jo-jo», no lo encontraríamos por ningún lado.

Pero esa ausencia sería remediada muy pronto.

En la edición del 3 de enero de 1863, del *Harper's Weekly*, la revista más importante y leída del Nueva York de entonces, ocupando toda la carátula, aparece un dibujo del señor Thomas Nast, donde se ve a un hombre mayor, de cara afable, barrigudo, barbudo, vestido con un traje de tela gruesa y un gorro puntiagudo en la cabeza, que se dirige a un grupo de soldados norteños —estamos en plena Guerra Civil en los Estados Unidos—y les ofrece regalos y golosinas.

El gordo está sentado en un trineo y un poco por detrás se pueden apreciar dos renos. En la parte superior del dibujo hay un arco metálico con la inscripción: *Welcome, Santa Claus*.

Esa es la primera imagen publicada del obeso personaje

que conocemos como Santa Claus.

¿Y quién fue su creador?

Pues también todo un personaje.

Thomas Nast era un alemán que llegó a Nueva York como inmigrante muy pobre, a los seis años de edad; a los quince se ganaba la vida como grabador y dibujante, y a los 18 ya trabajaba como periodista, cada vez más relacionado e importante, del *Harper's Weekly*.

Nast fue amigo personal del presidente Lincoln y del presidente Grant. Atacó despiadadamente a los sureños secesionistas; estuvo con las tropas de Garibaldi; se enfrentó con la pluma, y casi le cuesta la vida, a William Tweed, el *boss* de Tammany Hall, pero terminó por meterlo en la cárcel; fue amigo del escritor Mark Twain, y en ocasiones también él se vio enredado en asuntos turbios. En fin, como decíamos más arriba, fue todo un personaje.

Santa Claus no, no fue, es hoy, todo un personaje.

CAPÍTULO 3

LAS PRIMERAS CIVILIZACIONES

El hombre comienza a sembrar civilizaciones.

A partir de ahora, los historiadores pueden contar no solo con los hallazgos arqueológicos y paleontológicos, sino con referencias históricas elaboradas por los propios habitantes de aquellos pueblos que tenían algo que celebrar o que contar. Ahora vamos a conocer los nombres que ellos mismos se daban y los que atribuían a sus dioses, gobernantes, enemigos, poblaciones y paisajes.

Las estelas de piedras talladas, las tablillas de arcilla, los papiros escritos, las pinturas en ánforas y vasos, las cerámicas coloreadas, las construcciones arquitectónicas y otras muchas formas de expresión nos dicen que la prehistoria, en menor o mayor medida, toca a su fin y comienza la historia.

Al norte de los ríos Tigris y Éufrates, en los territorios que hoy ocupan Irak, Siria, Irán y Turquía, se encuentran unos pocos restos de la civilización hassuna. Sobre la tierra que una vez ocupara queda muy poco: milenios de guerras y devastaciones han hecho su trabajo, pero en algunos museos y universidades pueden encontrarse piezas, pocas en verdad, que nos cuentan retazos de historia. Vasijas pintadas y un friso conservadas en el museo de Bagdad describen la agricultura y la ganadería que practicaban. En el friso, el adorno de una portería, vemos, con finos detalles, la labor diaria de una lechería: ordeño, cuidado de los animales, trasvase de la leche de una vasija a otra, labores de cocina. Y cosa curiosa, las figuras humanas, unas ocho, se ven muy bien nutridas, aunque probablemente eran esclavos, la alimentación no parece haber sido un problema para ellos.

Las culturas de Halaf, Samarra y Ubaid aparecieron posteriormente y se mezclaron en ocasiones. Fabricaban casas, pequeños templos, enterraban a sus muertos y utilizaban la irrigación en sus sembradíos. Al igual que hoy día y en todas partes, comer y guerrear eran las actividades más comunes.

A estas agrupaciones humanas se les ha denominado presumerias, pues un poco después, alrededor de 4000 ANE, hacen su aparición histórica los sumerios, que edifican una civilización tal y como la entendemos hoy.

No se observan gordos en sus estelas pintadas, donde solamente aparecen militares. Tanto los vencedores como los vencidos, los esclavizados y los asesinados o muertos en combate, son soldados, pero se siguen haciendo pequeñas esculturas de mujeres obesas, como en la prehistoria, generalmente sentadas y dotadas de enormes pechos y muslos. Una muestra especialmente interesante es la figura de terracota de Çatal Hüyük, de 6.5 pulgadas de alto, que resalta el aparato genital de una manera realmente obscena, por lo menos para nuestra forma actual de ver las cosas.

¿Homenaje a la procreación o simple lujuria?, ¿madre protectora o estrella porno?

Los acadios vinieron casi un milenio después y se establecieron más al sur, pero uno de sus reyes, Sargón el Grande (2296-2240 ANE), terminó por unificar Acadia con Sumeria, aunque ya esta última estaba bastante venida a menos. Así nace la civilización mesopotámica: los babilonios, por su bellísima capital Babilonia, la de los jardines colgantes, que fue una gran ciudad llena de vida, comercio, placeres y comida. Da pena ver hoy, en los documentales sobre la guerra de Irak, sus deteriorados y escasos restos.

Hasta hoy ha llegado la estatuilla de un escriba babilonio que es, muy probablemente, la figura del primer gordo bien representado en la historia. No era un rey al que se le debía mejorar la imagen (el Photoshop de entonces), sino un simple empleado con un trabajo sedentario: llevar las cuentas del soberano, y que se beneficiaba de vivir en el palacio y comer caliente todos los días. Su cara mofletuda y serena, su barriga satisfecha, nos permiten reconocer su buen pasar tan ajeno al de los esclavos.

Por estas fechas ya estaban creciendo varias civilizaciones de nuevo cuño: alrededor del río Indo, la civilización de Harappan; en las márgenes del río Amarillo, el primer imperio chino, la dinastía Shang; y muy cerca del Nilo, el complejo de palacios de Abidos, primer asentamiento importante egipcio. Hoy sabemos que por estas mismas fechas estaban naciendo también protocivilizaciones basadas fundamentalmente en el consumo del maíz, en Mesoamérica; y unos siglos después, en las costas del Golfo de México, la civilización olmeca, aún envuelta en el misterio y la leyenda.

Extenderse, conquistar territorios y complicar las cosas es parte consustancial de la condición humana. Se necesitaron decenas de miles de años para que unos pocos grupos de hombres primitivos se asentaran en lugares fértiles e irrigados y construyeran pequeños poblados, pero una vez que la agricultura y la cría de animales, con la ayuda inestimable del fuego y de la naciente metalurgia, dieron forma a la primera gran ola de desarrollo, la civilización se hizo presente en casi todos los lugares de la tierra y con ella la aparición de pueblos, ciudades, reyes, dinastías, culturas, guerras y políticas, que obligan indefectiblemente a asignar períodos temporales, a clasificar épocas y a darle orden cronológico a esa suma de sucesos y hechos que conforman lo que denominamos Historia.

Para simplificar y atenernos al tema de nuestro libro, recorramos a vista de pájaro unos cuantos siglos adelante. Surgieron los hititas, pueblo guerrero y conquistador frenado por los egipcios en una batalla casi mitológica, la de Kadesh. Su diosa primordial, la Gran Madre, era una señora de carnes abundantes y órganos sexuales prominentes, a la que adoraban como la Luna.

Los frigios, creadores del nudo gordiano, cortado mucho tiempo después por Alejandro el Grande, inventaron la leyenda del rey Midas, el hombre que ideó la dieta perfecta, pues logró, después de mucho suplicar a los dioses, que todo lo que tocara se convirtiera en oro y así murió de hambre.

Los aqueos, precursores de los griegos y los cretenses, también emparentados con los primeros griegos, nos han dejado las imágenes de sus mujeres vestidas, pero con sus voluminosos pechos al aire, moda que volvería a ser de actualidad 3000 años después con el *topless*. Los semitas, con sus dos ramas más importantes: los fenicios, mercaderes y transportadores de mercancías por antonomasia —algún bromista diría que inventaron UPS—, y los hebreos, tan mercaderes como los fenicios, pero mucho más precavidos y más proclives a la acumulación de dinero.

Los caldeos, los medas, discutidos en su existencia como estado, o quizás aplastados muy pronto por los persas. Los iranios, protectores del camino de Jorasán, una larga carretera por la que se transportaban, entre otras muchas mercancías, alimentos y delicadas especialidades gastronómicas. Los anatolios y muchos más.

Todas estas civilizaciones y muchas otras que han desaparecido o se han transformado por asimilación o absorción, compartían una estructura socioeconómica común: el esclavismo, que unido al dominio de la agricultura y la domesticación de animales, las aupó, en su momento, al estrellato histórico.

Se ha calculado que un grano de trigo sembrado producía entre 60 (en épocas malas) y 80 granos de nuevo trigo, lo que permitió la aparición del pan, alimento de multitudes, combustible para el trabajo del esclavo y el guerrero, y paradigma social.

Este excedente nutricional abrió a su vez el camino al arte, el comercio, la política y las rudimentarias formas de ciencia.

La gordura, el sobrepeso, fue un atributo de aquellos que no tenían necesidad de realizar trabajos físicos fuertes: gobernantes, escribas, burócratas de palacio, o de las mujeres de la naciente nobleza y probablemente de aquellas que ejercían un trabajo muscular limitado en los harenes palaciegos. Queda por demostrar si la deformación e idealización de atributos sexuales femeninos —pechos, nalgas, muslos y vulvas exageradamente gruesos para los patrones de aquellos tiempos, constantemente representados por los artistas, tenían un fundamento religioso o, por el contrario, intentaban satisfacer la lujuria sexual de hombres que solamente encontraban fácilmente mujeres muy delgadas a causa del trabajo constante y las penurias de la poca comida.

Es muy cierto que lo que no abunda, atrae.

Foie Gras

En una tumba egipcia hallada en Saqqara, datada aproximadamente 2500 años antes de nuestra era, se encontró un bajorrelieve representando a cebadores de gansos. Los cebadores, utilizando una técnica muy semejante a la que se emplea hoy en día para ese propósito, evidentemente se comportaban como verdaderos especialistas en la materia.

El proceder para engordar un ganso a la fuerza es el siguiente: se agarran las aves por el cuello y se les embute la comida abriéndoles el pico y utilizando, a veces, sobre todo cuando ya el plumífero está atiborrado, una caña hueca como adminículo de alimentación.

Claro que hoy usamos tubos de goma o teflón para hacer el procedimiento «más humano» y también más rápido y expedito.

De Egipto, el arte de la ceba, por llamarlo de alguna manera, de gansos para después comerse sus grasientos hígados se extendió, como tantas cosas, a Grecia y luego a Roma.

Se cuenta que Marco Gavio Apicio, un senador y sibarita romano amante de la buena mesa y otros placeres de la carne, introdujo el uso de los higos desecados al sol en la alimentación forzada de las ocas, con lo que la calidad del hígado mejoraba sustancialmente. Materia más concentrada y con menos desechos es igual a mayor calidad de la grasa hepática.

Que quede claro que mejoraba la calidad del hígado del ganso desde el punto de vista gastronómico humano, pues para el ave la afirmación es muy dudosa.

Aunque debe reconocerse que estas aves, que vuelan largas distancias, se buscaron su propia desgracia, pues el hígado es para ellas el lugar donde guardan las reservas energéticas (calóricas) que les permiten desplazarse sin tener que alimentarse durante sus migraciones, lo que detectaron los egipcios, quizás casualmente.

En la Edad Media fueron los judíos los que preservaron la producción de foie gras —literalmente, hígado graso, en francés— debido a la prohibición kosher de emplear manteca de cerdo para cocinar.

Después los franceses, esos grandes gastrónomos, hicieron suyo el hígado de ganso u oca aumentado de tamaño artificialmente, o foie gras, y ya nadie los ha podido desplazar, aunque la verdad es que muchos lo han intentado y la globalización ha cambiado bastante las reglas del juego, tanto desde el punto de vista gastronómico como comercial.

La producción industrial del foie gras incluye la intubación del estómago del animal para ser sobrealimentado, el impedimento de volar y casi de moverse para que no se gaste en producir energía casi nada de la grasa depositada en las células hepáticas —además de llevar adelante todo el proceso lo más rápido posible— y la sedación o anestesia previa al sacrificio del ganso para evitarle el estrés, que repercutiría inmediatamente sobre el estado, presencia y textura del hígado, arruinando así todo lo invertido.

Algunos productores de foie gras han defendido todo el procedimiento alegando que es incluso menos traumático que el que sufren las reses que van al matadero. Eso da que pensar.

El foie gras es ilegal en muchos países, unos quince del Primer Mundo, pero se sigue produciendo y consumiendo, y existe incluso un floreciente mercado negro internacional de este producto.

El foie gras legítimo y puro es muy caro. Existen y se venden otros, de otras aves, pero no es lo mismo.

Por tanto, exija el legítimo… si puede pagarlo.

Los médicos dirían que Hemiunu padecía una ginecomastia, o sea, un crecimiento desproporcionado de las glándulas mamarias propio de una mujer adulta, pero muy poco común en un varón. ¿Trastorno hormonal o simple obesidad?

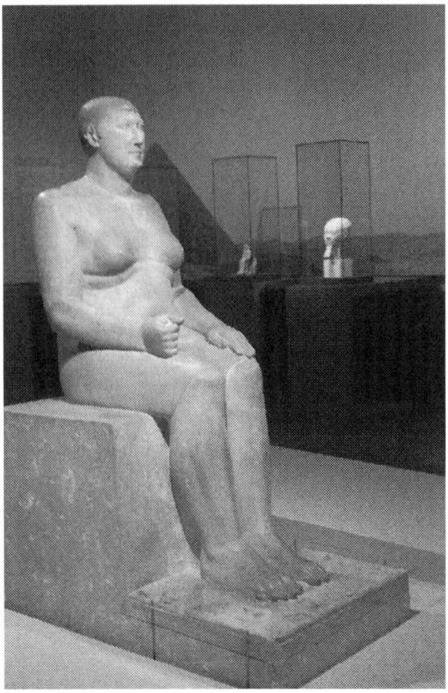

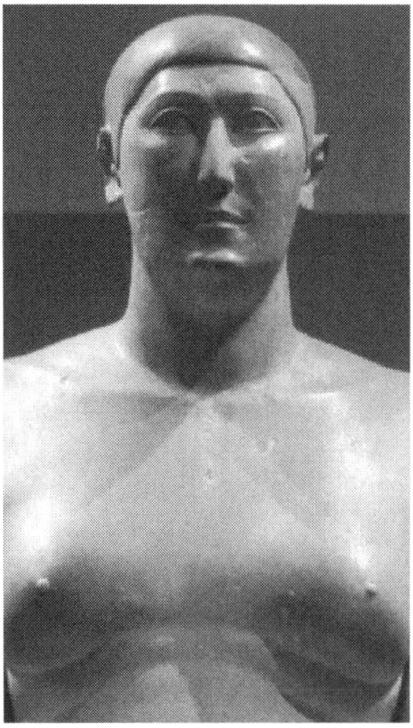

CAPÍTULO 4

ARENAS, REINAS Y PIRÁMIDES

Cuando pensamos en el Egipto de la era faraónica, no nos vienen a la mente personas gruesas y corpulentas.

Vislumbramos, habitualmente, grandes extensiones arenosas o tierras anegadas por las aguas desbordadas del Nilo, hombres doblados por la cintura con el sol de plomo a la espalda cultivando la tierra o arrastrando con cuerdas piedras enormes para construir pirámides y mastabas, guerreros conduciendo carros envueltos en nubes de polvo. Trabajo extenuante y una vida intensa y corta. Y en realidad, así transcurría la existencia diaria de la inmensa mayoría de los egipcios, pero... había excepciones.

Hemiunu fue un hombre afortunado, era primo (la familiaridad egipcia es complicada de entender, aún para los especialistas) del faraón Keops, el mismo que se mandó construir la gran pirámide que lleva su nombre, en Giza, muy cerca de la actual urbe de El Cairo.

Pues bien, Hemiunu fue el arquitecto que dirigió la construcción de la pirámide por órdenes de su primo el faraón y eso significaba un gran honor, pues el faraón ponía en sus manos y en su talento como constructor que su cuerpo momificado y sus riquezas personales no fueran violadas y saqueadas en el largo y azaroso viaje al Más Allá.

No sabemos exactamente qué prebendas dio Keops a Hemiunu. Presumimos que muchas, pues las riquezas de este último eran grandes y patentes, pero lo que sí sabemos es que el mismo Hemiunu decidió premiarse en vida y se construyó una estatua que hoy podemos admirar en el museo europeo de Hildesheim. Reconocemos en ella a un hombre relativamente joven, de cara redonda y muy bien rasurada, gordo, sentado sobre sus gruesas nalgas, cubierto por una faldilla y lo más llamativo, con unos senos que parecen de mujer debido a la marcada adiposidad.

Los médicos dirían que Hemiunu padecía una ginecomastia, o sea, un crecimiento desproporcionado de las glándulas mamarias propio de una mujer adulta, pero muy poco común en un varón. ¿Trastorno hormonal o simple obesidad? No lo sabemos, pero lo que sí sabemos es que Hemiunu se sentía muy bien con su gordura y con sus abultados y un poco femeninos pechos, pues simplemente pudo haberlos cubierto con una túnica, vestimenta típica de aquella época, y no lo hizo.

La razón del evidente orgullo de Hemiunu es simple. La gordura, la adiposidad, las barrigas prominentes y las gruesas nalgas eran para los egipcios, y para casi todas las civilizaciones de aquella época, un signo inequívoco de bienestar, riqueza, poder y buenas conexiones.

¡Y vaya si Hemiunu estaba bien conectado con la familia real!

Los faraones, por el contrario, no solían hacer ostentación de corpulencia, pero presumimos que no tenían que hacerlo: sus atributos divinos, muy claramente expuestos en las representaciones escultóricas y pictóricas, bastaban para apabullar al resto de los mortales. Este no era el caso de los súbditos y cortesanos que, aunque poderosos, tenían que buscar formas más terrenales de mostrar su estatus. Pero había faraones gordos, y aún muy gordos, como parece haberlo sido Akenatón, un hombre enfermo y quizás un poco loco, o quizás un místico revolucionario, como piensan algunos historiadores. O Ramsés III y Amenhotep, que se les llega a ver gruesos, más de lo habitual, en diferentes bajorrelieves.

Pero la estatua egipcia (o de la época, pues no estamos seguros de su procedencia original) más sorprendente es la de la reina del país del Punt. No sabemos si esta pequeña obra maestra de la escultura antigua fue enviada a Egipto como una especie de retrato de la reina, para que se le conociera antes de su llegada, o si se le hizo durante el tiempo de la visita, que fue bastante prolongada.

Disfrutamos de la estampa de una muchacha joven —en aquel tiempo todos eran jóvenes— de rasgos negroides muy atrayentes y peinado de trencitas (*dreacklocks*), una sonrisa maliciosa y un cuerpo muy semejante al de un batracio: una gran barriga, un rollo de grasa debajo de los pechos, y muslos y nalgas imponentes. Un cuerpo que recuerda, lejanamente, a una Venus prehistórica.

Dato curioso, a pesar de la gordura, el cuerpo de la reina no deja de tener cierto encanto, cierta marcada sensualidad, algo así como el de una modelo actual para una revista de tallas extras o una sensual rumbera caribeña.

Queda en el aire un par de preguntas que pueden resultar algo capciosas. Ante la perturbadora belleza, orgullosamente afilada y muy sofisticada de una Nefertiti: ¿Era la reina del Punt una mujer orgullosa de su gordura y sus despampanantes, casi morbosos, atributos físicos, o con sabiduría femenina actuaba como una provocadora? O, más intrigante aún, ¿sabía que los egipcios en el fondo gustaban más de las gordas y quería tener su público antes de aparecer en escena? No tenemos una respuesta clara, pero no deja de ser, con los ojos de hoy, una elucubración interesante.

Los egipcios pobres, la inmensa mayoría de la población, vivían básicamente a base de pan y cerveza, una bebida que aprendieron a hacer muy bien y de la que tenían diversos tipos, sabores y texturas. Los ricos disponían de alimentos abundantes y bastante balanceados: aves, pescados, frutas, viandas y leche, pero también consumían pan y es probable que ese pan fuera la causa de la pésima dentadura que todos, pobres y ricos, sufrían. Se ha demostrado que el pan colocado en las tumbas como ofrenda para el largo viaje del difunto contenía una cantidad apreciable de arenisca, casi seguramente consecuencia de la forma de moler el cereal.

Los trastornos dentales de los egipcios eran una constante de la que no escapaba nadie y esto causaba severas infecciones que conducían directamente, o mediante complicaciones renales u otras, a la muerte precoz. Las caries, los abscesos dentarios y la pérdida de piezas bucales fueron un azote para los egipcios. Podían, los egipcios, enorgullecerse de sus monumentos funerarios, pero sus dentistas eran un desastre.

El arte de los egipcios —y es importante saber que ellos, los egipcios, no lo consideraban como tal, sino una simple representación de la realidad cotidiana, algo así como la página social de un periódico actual, pero grabada en piedra— puede enseñarnos mucho, incluso acerca de nuestra tan llevada y traída imagen corporal y la actitud hacia ella.

En las pinturas de la tumba de Djeser, alrededor del 1500 ANE, puede verse una muchacha relativamente delgada arreglando el tocado de una mujer mayor. Esta joven que se inclina hacia adelante tiene tres «salvavidas» —tres rollos de grasa en su abdomen— que lleva con mucha elegancia y desenfado. Claro que puede alegarse que aún no se había inventado la liposucción, pero la dignidad y el orgullo con qué todos mostraban sus barrigas, papadas y «cartucheras» nos hacen pensar que los cirujanos estéticos no serían muy solicitados allí, caso de haber existido por entonces.

Los imperios faraónicos vinieron muy a menos con los siglos y Egipto terminó siendo una colonia griega, después romana (se dice que Cleopatra también fue una mujercita envuelta en carnes), otomana e inglesa.

Hoy Egipto es un gran país independiente que arrastra las consecuencias de gobiernos populistas y coqueteos con ideas antidemocráticas, incluso dictatoriales. Ojalá y pronto se ponga en pie, sobre todo gracias a sus jóvenes, para intentar recuperar ese esplendor histórico y cultural milenario.

Nutrición y Gastronomía

La nutrición, desde un punto de vista estrictamente científico, estudia la biología de las necesidades fisiológicas y la utilización de los alimentos por el organismo.

Cuando decimos que las proteínas o las vitaminas, por ejemplo, son imprescindibles para el mantenimiento de la vida y de una buena salud, no estamos analizando la forma (alimentos) en que incorporamos esas proteínas y esas vitaminas a nuestro cuerpo, o, dicho de otro modo, estamos analizando aspectos de la nutrición, pero no de la gastronomía.

Pero cuando hablamos de preparar un menú balanceado que contenga las proteínas necesarias y las vitaminas adecuadas al buen funcionamiento de nuestro organismo, presentadas, además, agradablemente, entonces ya estamos hablando de gastronomía.

La gastronomía pertenece a la cultura humana y solamente a la humana, pues ningún otro animal cocina, adereza, mezcla o prepara de cualquier forma sus alimentos. En todo caso, son los humanos los que han creado una gastronomía para animales, y son los humanos, de paso, los que han llevado el sobrepeso y la obesidad a sus mascotas, pero ese es otro tema.

La gastronomía, por definición, es la forma de manipular, cocinar, aderezar y presentar los alimentos de la mejor, más agradable, apetecible y sabrosa manera posible.

Pongamos un par de ejemplos: cuando una vaca come hierba se está nutriendo, está ingiriendo todo lo que necesita fisiológicamente, pero eso no tiene nada que ver con la gastronomía. Cuando nosotros comemos un buen filete con papas asadas o fritas y una ensalada, también nos estamos nutriendo, también estamos recibiendo todo lo que necesitamos fisiológicamente, pero, además, estamos disfrutando de la gastronomía de mamá o de un experto cocinero.

La nutrición es una necesidad fisiológica que se estudia y comprende científicamente. La gastronomía es un arte que nos hace la vida más agradable.

La gastronomía es parte de la nutrición, pero no es toda la nutrición.

Capítulo 5

Bellos y equilibrados: los griegos

Unos dos mil años antes de nuestra era llegaron a la casi despoblada cuenca del Mar Egeo, en el Mediterráneo oriental, varias olas migratorias de pueblos indoeuropeos. Traían sus costumbres, sus lenguas y un adelanto de enorme importancia civil, pero sobre todo militar: el caballo.

Al mezclarse con los escasos habitantes, ya asentados en esas tierras desde dos o tres milenios antes, crearían, poco a poco, una nueva civilización: la griega, que por lo menos desde el punto de vista cultural y filosófico habría de cambiar el mundo y la manera de verlo y entenderlo.

En la isla de Creta surgió la cultura Minoica (por el rey Minos). Ya nos hemos referido a esta civilización por las pinturas de sus bellas y opulentas mujeres con los pechos al aire. Con un gobierno fuerte y centralista, los minoicos establecieron colonias en el continente y extendieron el comercio, en ocasiones a la fuerza. Practicaron lo que hoy llamaríamos deportes e inventaron una forma muy particular del toreo, en la que sus atletas, de ambos sexos, hacían ejercicios gimnásticos sobre el lomo de los toros bravos, animal muy importante en la mitología de este pueblo.

La gigantesca erupción del volcán de la isla de Tera (hoy Santorini), circa 1600-1500 ANE, puede que haya tenido mucho que ver con la decadencia y posterior desaparición de esta misteriosa civilización.

Después vinieron los micénicos. Vivían en el continente y se beneficiaron sustancialmente de la decadencia cretense. Eran muy buenos marinos, y por qué no decirlo, mejores piratas. Se mezclaron con los aqueos y fueron los primeros habitantes de estas tierras, verdaderamente griegos en el sentido sociológico de la palabra. Libraron la guerra de Troya, supuestamente por culpa de una bella mujer, Helena, y la ganaron con las armas y con astucia. El caballo de Troya, existiera o no, dejó un paradigma eterno para definir la traición guiada por la inteligencia.

Con el declive de la civilización micénica, los griegos se fragmentaron rápidamente, lo que dio lugar a la aparición de pequeños reinos en miniatura, embriones de las futuras ciudades estados. Estos pequeños reinos estaban dominados por jefes locales —reyezuelos— que eran en realidad los dueños de aquellos pequeños pueblos y de unas pocas y pobres tierras de cultivo a su alrededor. Los dorios, los jonios y los eolios, nombres que nos suenan por la arquitectura columnaria, vinieron de estos pobres, casi miserables, orígenes.

En este período histórico los griegos completaron la colonización de todos los territorios alrededor del mar Egeo, convirtiéndolo en una especie de lago particular, debido a la extrema fragmentación de las ciudades estados y sus constantes reyertas intestinas —casos como el de Troya y los aqueos eran bastante comunes, aunque no alcanzaban la fama que tuvo esta disputa familiar entre dioses y hombres—, lo que no impidió que los fenicios, una verdadera potencia mediterránea naciente, dominara casi completamente el comercio marítimo.

A este período histórico se le ha denominado, quizás un poco injustamente, Edad Oscura. Probablemente por comparación con lo que vendría después: Esparta y Atenas. Pero que quede claro que sin esta «edad oscura» no hubieran existido ni una Esparta ni una Atenas.

Esparta fue, de cierta manera, un estado artificial. Ni se nos ocurre pensar en un gordo espartano, entre otras cosas porque lo hubieran expulsado de la ciudad. Hollywood ha vuelto a poner de moda la capacidad militar y el increíble grado de autosacrificio de los espartanos (recordemos la película *300*), lo que es cierto, pero a costa de la eliminación física de los recién nacidos no aptos (según parámetros que no están muy claros históricamente), la discriminación de las mujeres y los débiles y, por qué no, de los gordos, el acorralamiento y eventual destrucción de la familia, y la esclavización o muerte de los extranjeros que tenían la mala suerte de caer accidentalmente por allí o ser tomados prisioneros.

Leónidas, el orgulloso rey que murió defendiendo el estrecho paso de las Termópilas (Fuentes calientes) junto a sus 300 guerreros, permitió a sus hombres, por una vez, desayunar liberalmente al amanecer de la batalla final contra el inmenso ejército persa. Lo permitió solamente «porque cenarían esa noche en el inframundo». ¿Cómo podía haber gordos entre aquella gente?

Atenas fue diferente. También se inició como un estado militarista y participó activamente en la derrota de los persas junto a Esparta —recuerden Maratón, Salamina y Platea—, pero evolucionó hacia formas más democráticas de gobierno. En parte gracias a los esfuerzos de un gran político y legislador: Pericles, y también por la visión de algunos guerreros a tiempo parcial como Milcíades.

No quiere decir que Atenas fuera, en sentido estricto, una maravilla. Los esclavos hacían el trabajo duro para que los ciudadanos tuvieran el tiempo de discutir y hacer leyes en la plaza pública, y sus dirigentes tenían un marcado talante imperialista dirigido hacia el exterior, lo que llevó a múltiples guerras y conflictos que, andando los años y esas paradojas son frecuentes en la historia, acelerarían la decadencia ateniense.

La historia de Atenas fue una larga alternancia de victorias y derrotas militares, golpes de estado, tiranías y gobiernos democráticos (democracia limitada solamente a los ciudadanos atenienses), pero su legado filosófico, cultural y artístico fue inmenso.

¿Qué hubiera ocurrido si Jerjes I, el hijo de Darío I, triunfa y destruye la civilización griega, como era su declarado propósito? Mejor ni pensar en eso.

Aquellos hombres, y alguna que otra mujer, que discutían sobre cualquier tema en sus plazas y en sus casas se llamaron Platón, Sócrates, Aristóteles, Anaximandro, Tales de Mileto, Pitágoras, Heráclito y una lista inacabable más. Escultores que nos han marcado, con sus patrones de belleza, nuestra forma de ver a los demás; arquitectos, científicos, juristas, legisladores, médicos y dialécticos de altura. No se ha vuelto a repetir en ninguna parte y en ninguna época, exceptuando quizás algunos momentos de la Florencia renacentista o la etapa álgida del Proyecto Manhattan (para construir aceleradamente la bomba atómica a fines de la Segunda Guerra Mundial), que se hayan juntado más hombres de intelecto y sabiduría superiores. Hombres que sabían vivir y que gozaban tanto de una buena conversación como de una opípara cena o una visita a los prostíbulos, femeninos y masculinos, del barrio ateniense del Cerámico.

La escultura griega, que conocemos principalmente gracias a las posteriores reproducciones romanas, ha constituido el parámetro para medir la perfección y la belleza de un cuerpo humano, incluso hasta nuestros días. Es interesante notar cómo hoy en día, quizás como un efecto de rebote a la obesidad imperante en las sociedades postindustriales, muchos han abandonado este ideal corporal armónico para intentar, a costa de dietas y ejercicios sin fin, mantener una figura extremadamente delgada, caquécticas en ocasiones.

Para los griegos, la palabra «dieta» quería decir estilo de vida, lo que incluía, además de la comida sana, el ejercicio físico. En los muros del templo de Delfos está escrito que: «Lo más exacto es lo más bello», «debes respetar el límite», «odia la insolencia (*hybris*)» y «de nada demasiado». Toda una pragmática para la vida.

La estatua de Atenea, del escultor Fidias, una de las más equilibradas y físicamente sanas de toda la historia del arte, no podría encontrar trabajo como modelo de pasarela, hoy día, si llegara a moverse y caminar. Sus brazos fuertes, pero algo gruesos, aunque muy bien torneados, y el cuello redondeado, serían criticados como los de una mujer obviamente pasada de libras.

Lo mismo ocurriría con la Afrodita Capitolina; el Apolo de Belvedere con sus rollitos en el bajo vientre; la Afrodita armada, del escultor Policleto, que podemos ver en el museo arqueológico de Atenas, lista para una liposucción de caderas y bajo vientre; el niño cargando un ganso, de Boethus de Calcedonia, francamente pasado de peso; y, la que es probablemente una de las esculturas menos equilibrada aunque más realista de todo el arte escultórico griego: el Apolo cazador del Museo Británico, mostrando —téngase en cuenta que se trata de un muchacho, casi un niño— ya una incipiente barriga con el tipo androide característico. Y la Venus de Milo, quizás la más perfecta de todas, pero con su incipiente, y a mi entender deliciosa, barriguita. Recordemos que la filosofía griega estableció, como principio fundamental de su arte, que se debía humanizar lo divino y divinizar lo humano, y por este principio se guiaron sus artistas más grandes.

Un griego, y quizás el primer sibarita verdadero, Arquéstrato de Gela, escribió alrededor del 350 ANE un libro al que llamó *Gastrología*. Casi seguramente fue el primer libro de recetas culinarias que se haya publicado. Aún los griegos actuales, muchos sin conocer al autor, utilizan estas recetas en su menú diario.

A los griegos debemos muchas verdades que hoy son lugares comunes. El concepto de belleza interior que se transmite al exterior, a los que nos rodean, mediante la serenidad y la simpatía. La proporción entre las partes, como expresión de la armonía de lo bello. El *kalon* es simple y es un concepto que explicaría la frustración de mucha gente que pasa su vida en el gimnasio y en el quirófano y no es amada. El *kalon* es «lo que gusta» y lo que gusta atrae, no importa lo que esté de moda o en «onda». El concepto de utilidad, expresado muy bien por Sócrates: «Lo que es bello para la carrera es feo para la lucha, y lo que es bello para la lucha puede ser feo para la carrera».[1]

Los límites, establecidos por el sentido común, son también un concepto griego que lamentablemente olvidamos constantemente en tantos y tantos aspectos de la vida diaria actual.

Aún tenemos mucho que aprender de esta sabia y bastante relajada civilización.

1 Platón. *Hipias Mayor* [en línea] [Consulta del Editor 5 de enero 2017] http://www.ataun.net/Bibliotecagratuira/Clásicos

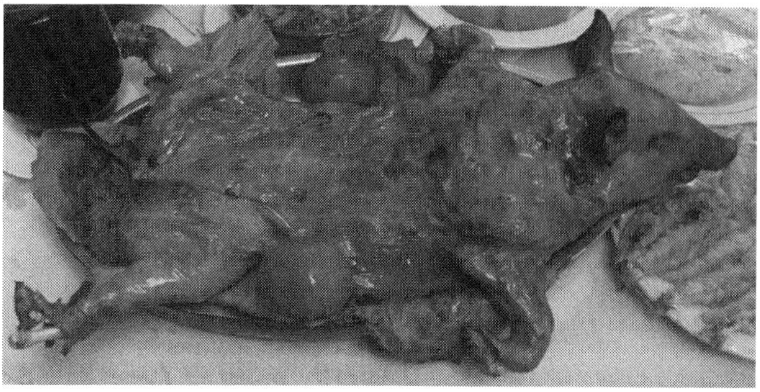

Ser omnívoro

Un animal omnívoro come de todo.

Las personas —los seres humanos— son mamíferos omnívoros porque están capacitadas y adaptadas fisiológicamente para comer de todo.

Cuando decimos comer de todo nos estamos refiriendo a todo lo que sea comestible. Es cierto que existen muchas limitaciones —hay plantas, por ejemplo, que no digieren los jugos digestivos humanos—, pero entonces viene la gastronomía, mediante la cocción y varias otras técnicas, a hacer al hombre mucho más omnívoro.

Aunque parezca extraño, la mayoría de los animales no son omnívoros. Una vaca, por ejemplo, solo come, en forma natural, yerba, y la razón es que su tubo digestivo y sus sistemas enzimáticos no están diseñados para digerir, digamos, carne de cerdo. Por eso una vaca es un rumiante herbívoro, y por tanto, no es omnívora.

Nosotros, los humanos, somos mamíferos omnívoros porque podemos comer y digerir carnes, pescados, mariscos, huevos, casi todos los vegetales y una infinidad más de alimentos. Incluso, muchos que no son naturales, sino creaciones industriales.

Pero, además, inventamos la cocción y la preparación

culinaria, o sea, la gastronomía, y eso amplió casi infinitamente nuestras posibilidades de alimentación, nutrición y disfrute.

Lamentablemente, también la gastronomía amplió las posibilidades de engordar, lo que es el tema de este pequeño libro.

Como nota adicional, el único otro mamífero que es completamente omnívoro es el cerdo.

Buda no creó una religión, ni tan siquiera él era particularmente religioso. Ideó y describió a sus discípulos y seguidores, una forma sensata de vida.

CAPÍTULO 6

LOS FORMADORES DE CONCIENCIA

Alrededor del año 477 ANE, en un pequeño pueblo llamado Pava, muy cerca de las faldas de los imponentes montes Himalaya, un herrero de la localidad invitó, ceremoniosamente, a un anciano venerable y un poco pasado de peso a un banquete de carne de cerdo asado y viandas. Pocas horas después del ágape, el amable anciano —que ha pedido le lleven a un lecho de blandas hierbas bajo un frondoso árbol florecido— muere, presumiblemente, de una indigestión, según algunos cuentan.

Este anciano, cuyo nombre es Siddhartha, pero que posteriormente sería conocido en todo el mundo como Buddha, o simplemente Buda —que quiere decir «el Iluminado»—, ya tenía miles de seguidores al morir y fue reverenciado por sus fieles. Y, cosa curiosa, no fue enterrado en el lugar de su fallecimiento, sino desmembrado y repartido sus pedazos entre muchos reyes, reyezuelos locales y miembros de la nobleza, los que colocaron esas partes en unas pequeñas colinas construidas ex profeso y conocidas como estupas.

Buda no creó una religión, ni tan siquiera él era particularmente religioso. Ideó y describió a sus discípulos y seguidores, una forma sensata de vida. Enunció una serie de criterios éticos y morales que permitirían a una persona de fuerte voluntad y autocontrol alcanzar un estado, el nirvana, en el cual esa persona ya no tendría que volver a reencarnarse y por tanto sufrir, en sucesivas reencarnaciones —encadenadas unas a otras—, el dolor de este mundo, que es, en realidad, el Infierno.

El nirvana no se obtiene de una vez, es un proceso largo y difícil que requiere mucha paciencia y muchas vidas. Los enemigos a vencer, que se oponen al logro del nirvana, son, según Buda, nueve: descontento, hambre y sed, pereza, duda, cobardía, orgullo y fama, hipocresía, voluptuosidad y deseos.

Se vencen estos escollos del camino hacia la perfección, el nirvana, con la nobleza y la verdad de los ocho senderos: decisión, acción, vida recta, creencia, pensamiento, afán, palabra y meditación.

Explicar todo el contenido filosófico, ético y mitológico del budismo en unas pocas palabras, resulta una tarea imposible. A unos pocos días de muerto el maestro, ya sus discípulos más cercanos se estaban peleando entre sí por su legado y comenzaba la división en sectas, división que aún no ha terminado del todo.

Los libros y tratados relacionados con el budismo pueden llenar toda una biblioteca. Un monje tibetano pelado al cero y vestido con una túnica anaranjada, que pasa frio y repite hasta el agotamiento el mismo mantra —una oración escrita sobre un molinillo que da vueltas indefinidamente— es un budista. El rey de Tailandia y su corte, que veneran a Buda, pero disfrutan de las comodidades occidentales, también son budistas. Y un ejecutivo norteamericano que conduce su BMW hasta una sala de yoga y cambia su traje de marca por un mono de ejercicios, también de marca, para su sesión de entrenamiento matutina, aspira, o cree, a llegar a ser budista.

Pero ¿qué comía Buda?

La gastronomía india ha sufrido muchos cambios a través de los siglos debido a las frecuentes mezclas con invasores y colonizadores o simplemente al intercambio con diversos pueblos vecinos. No obstante, siempre ha tenido una enorme variedad de estilos culinarios y mucho localismo en sus sabores y presentaciones. Las especias, que tendrían mucho que ver posteriormente con el descubrimiento de América por Colón, fueron un componente esencial de la cocina india. El pan, hecho principalmente con harina de trigo integral llamada *atta*, el arroz y una gran variedad de verduras, además de la leche y sus derivados.

En las zonas costeras se consumen muchos mariscos, pero hacia el centro del enorme país, sobre todo al norte montañoso, precisamente el territorio donde vivió Buda, la alimentación es básicamente vegetariana, lo que nos pone a pensar si no sería el exceso de carne de cerdo, a la que no estaba acostumbrado, lo que mató al Iluminado.

De todas formas, la delgadez y el ascetismo extremos no han sido una forma habitual de expresar la imaginería religiosa indias. Basta ver la imagen de Krishna enamorando a la pastorcita Radharani para darnos cuenta que las carnes firmes y apetecibles, y no la flaquencia puritana, son la norma. Yashoda, madre de Krishna, es una señora de nalgas voluminosas, bordeando la esteatopigia, muy femenina y sensual.

Pero volviendo a Buda. Usted puede encontrarlo en todas partes, desde monasterios en lo más alto de las cordilleras tibetanas hasta tiendas de curiosidades repletas de imágenes fabricadas en serie en factorías de Singapur o El Salvador. Pero si usted desea verlo en sus diferentes posiciones, explicadas todas por la mitología budista, haga el esfuerzo y vaya a Tailandia, para ver desde el clásico Buda meditando en posición de loto, hasta un Buda reclinado, cómodo y felizmente dormido o en meditación profunda, o que sencillamente ha dicho ya adiós a este mundo tumultuoso y estresante. Allí puede encontrarlos todos, en algo más de cuarenta posiciones y en casi todas mostrando, sin falsos pudores, su muy voluminosa barriga y papada, o no, porque no todos los budas son gordos; los thailandeses, por ejemplo, suelen serlo menos que los chinos, que representan, casi siempre, al monje Bikhu Hotei, pero esa es otra historia.

¿Será, quizás, esta tranquila y elegante manera de mostrarnos su exceso de peso —sin complejos, dirían algunos— la más profunda enseñanza para nosotros, sencillos mortales sin iluminación, del maestro Siddhartha? Puede ser.

El Caviar

El verdadero caviar son las huevas del pez esturión. Se venden comercialmente, los precios varían enormemente. Otras huevas de pescado, algunas de ellas como el mújol o lisa, pueden parecerse mucho al caviar, pero no son caviar. Los huevos del salmón o caviar rojo son muy sabrosos, pero tampoco son caviar.

Los persas de la época de Ciro ya consumían caviar, pero con el tiempo, el caviar fue quedando como un alimento de pescadores y personas muy pobres. La excepción fueron los rusos, que siempre gustaron de esta delicia al paladar.

Pedro el Grande, un fan del caviar, le envió, con su embajador plenipotenciario, una caja de caviar a Luis XV de Francia. El rey Luis lo probó delante de toda la corte y lo escupió inmediatamente, creando así, con su impensado gesto de asco, un incidente diplomático y de paso, un veto tácito de consumo para los gastrónomos de la nobleza francesa.

Ni que decir que el caviar no hizo fortuna en Francia hasta que los emigrados rusos que huían de la Revolución de Octubre de 1917, la revolución de Lenin, expandieran su afición a este alimento por toda Europa. Ya, para entonces, el gesto del rey Luis iba quedando en el pasado y una nueva moda gastronómica asomaba en el horizonte.

Pocos saben hoy en día que muchos norteamericanos de bajos recursos, a principios del siglo XX, consumían grandes cantidades de huevas de esturión del río Delaware. En aquel tiempo, el Delaware era el hábitat de una enorme cantidad de estos grandes peces y los ricos no habían descubierto aun el glamour gastronómico del caviar.

Charles Ritz, dueño de los hoteles que llevan su apellido, convirtió el caviar en el sumun de la elegancia y el buen gusto al ordenar incluirlo en el menú de sus hoteles, a partir de 1925. Aunque se colocaban cerca de las mesas, con mucha discreción, escupideras, por si acaso.

Los comunistas rusos, tan estrictos en casi todo, no tuvieron empacho en ofrecer el monopolio del caviar a la familia Petrossian, emigrados contrarrevolucionarios, pero muy buenos negociantes. Aún hoy conservan una buena parte del multimillonario negocio del caviar.

Ah, Adolfo Hitler, el dictador alemán, tampoco gustaba del caviar. Lo prohibió en su mesa personal alegando que no valía la pena como alimento y que era demasiado caro. Hitler, un tipo maniático y muy raro, preguntaba el precio de todo lo que le daban de comer a él y a sus allegados. Una vez, su cocinero se esmeró en halagarlo con un plato de caviar muy bien presentado y al conocer Hitler el precio, estuvo a punto de mandar a fusilar al pobre chef. ¿O quizás merecía el hombre que lo ejecutaran por halagar a semejante personaje?

Los entendidos consideran que el mejor caviar del mundo es el del tipo beluga, de procedencia iraní, que es el más costoso.

Si reúne el dinero para pagarlo, y es muy caro, que conste, no haga como el rey Luis XV, mantenga la compostura y disfrútelo, que vale la pena.

La frase «pan y circo» quedará siempre como un paradigma del pragmatismo político del que los patricios y gobernantes romanos hacían gala. En realidad, además del circo, el pueblo llano de Roma pedía pan, vino y aceite, con lo que satisfacía su canasta básica.

Capítulo 7

Roma: estar en forma para conquistar el mundo

La leyenda cuenta que la ciudad de Roma fue fundada sobre siete colinas y en las márgenes del río Tíber, por dos gemelos, Rómulo y Remo, que habían sido cuidados y amamantados por una loba. La leyenda también asegura que el año de fundación fue el 753 ANE, lo que no ha sido probado fehacientemente, pero debe acercarse bastante a la verdad.

Según algunos historiadores, Roma es un acrónimo de Rómulo y Remo, pero tampoco todos están de acuerdo en esto.

Lo cierto es que Roma fue fundada por un pueblo denominado latino, que ya antes había dado vida a los etruscos (aunque su procedencia sigue siendo motivo de discusión). La Etruria, una cultura bastante misteriosa y muy interesante, ocupaba partes de lo que hoy sería la Toscana, el Lacio y la Umbría, donde se han encontrado, entre otros restos, muchos sitios funerarios que llaman la atención por el tamaño de los sarcófagos, muchos de ellos preparados para acoger a personas muy corpulentas o simplemente obesas.

La civilización etrusca tuvo su auge entre los siglos IX y I ANE y llegó a extenderse hasta Córcega, la actual Nápoles, y la que luego sería Roma, la misma Roma, que con su crecimiento y prepotencia marcaría el final de los etruscos.

En el Museo de Arqueología de Florencia se encuentra el sarcófago de Chiusi, perteneciente a un etrusco, probablemente un noble, dada la riqueza del mismo. El ataúd de piedra tiene grabada la imagen de un hombre muy obeso, sobre todo en el abdomen, pero que muestra una cara de regocijo y felicidad que pudiera ser el paradigma de la obesidad feliz.

Los etruscos adoraban los dulces y las carnes condimentadas, y algunos investigadores han planteado la posibilidad de que el exceso de comida y los placeres carnales tuvieron mucho que ver con la decadencia de este pueblo. La realidad es que este apego a la buena vida y a los placeres de la carne y el estómago los limitó en el desarrollo de sus capacidades militares, asunto que, por demás, no parece haberlos preocupado mucho.

El romano Cayo Valerio Catulo, que no soportaba a los etruscos debido a su falta de diligencia y disciplina, les llamó *obesus etruscus*. Por algo sería.

Durante unos 200 años, Roma fue gobernada por una sucesión de reyes, pero en el 509 ANE se convirtió en una república oligárquica y así continuó hasta el advenimiento del imperio, en 27 ANE. Cuando el imperio nace ya Roma era una potencia mundial, entendiendo por mundial la cuenca del mar Mediterráneo. El núcleo central del orden romano era la familia, la *gens*, dirigida siempre por un varón, el patricio. La mujer, subordinada legalmente, mantenía las apariencias, pero se las ingeniaba casi siempre para ser el poder detrás del trono. Tanto poder acumularon algunas de estas matronas romanas que diferentes familias nobles han pasado a la historia con el nombre de sus fundadoras.

El arte romano no se caracteriza por su originalidad. Sus dos fuentes básicas fueron el arte etrusco, muy colorido y sorprendentemente erótico, pornográfico en ocasiones, y el inmenso arte griego, del que los romanos se nutrieron, copiaron y saquearon a discreción, sobre todo después de la conquista de la Grecia continental y sus territorios adyacentes. La pintura romana, muy inspirada en la etrusca, se conoce gracias a una tragedia, la erupción del volcán Vesubio en el año 79 DNE, que destruyó las ciudades de Pompeya y Herculano, pero preservó bajo las cenizas una buena parte de sus casas e instalaciones.

No existe mucha diferencia, salvo el enorme y diverso talento de los griegos, entre el arte escultórico helenístico y el arte romano. La cultura romana estaba impregnada del sentido guerrero y militarista de sus fundadores, lo que hacía que sus figuras se representaran idealizándolas: más jóvenes, más fuertes, más musculosas y aguerridas. Las mujeres son poco representadas y cuando lo son se parecen mucho a las griegas.

Donde los romanos fueron grandes es en la arquitectura, no solamente en la península itálica, sino también en muchos de los territorios que conquistaron y ayudaron a poblar. En lugares tan alejados como Inglaterra y Egipto encontramos hoy edificaciones romanas que se resisten al paso del tiempo y los avatares de la civilización.

La medicina romana se caracterizó, también, por ser una continuación de la griega (muchos médicos romanos eran en realidad esclavos griegos). Galeno, que daría nombre a los médicos de todo el mundo y de todas las generaciones, influyó la medicina occidental hasta el advenimiento del Renacimiento.

¿Pero había gordos en Roma? Claro que los había, y podían, sin complejos, ascender muy alto en la escala social. En sus primeros 17 años de vida, Lucio Domicio Ahenobarbo vivió feliz con ese nombre, pero de pronto su vida cambió completamente. La guardia pretoriana, que quitaba y ponía emperadores, lo elevó sumariamente al rango de César en plena adolescencia, y ante un hecho tan inesperado Lucio decidió, siguiendo la costumbre, cambiarse el nombre y adoptó el de Nerón Claudio César Augusto Germánico, aunque para sus coetáneos y para la historia se conocería siempre por el apelativo más sencillo —y más atemorizante— de Nerón.

Nerón era hijo de Agripina y el cónsul Domicio, pero este último desapareció rápidamente de la escena, probablemente envenenado, lo que permitió a Agripina casarse con el emperador Claudio, que casualmente era su tío. Calígula, que era emperador cuando Nerón nació, ya había sido eliminado bastante antes de una manera expedita. El siguiente paso de Agripina, una matrona romana de armas tomar, fue hacer que Claudio adoptara a Nerón como hijo, es más, como hijo preferido. Cuando Nerón cumplió 16 años, uno antes de ser emperador, Agripina lo obligó a casarse con Octavia, hija legítima de Claudio. Claudio entonces, como regalo de bodas, nombró a Nerón, junto con su hijo Británico, coherederos del imperio. Un paso en falso para el crédulo Claudio.

Un año después, Claudio fue asesinado. ¿Le viene a la mente la matrona Agripina como sospechosa? Pues probablemente le cabe razón. Acto seguido, el general Sexto Afranio Burro, jefe de la guardia pretoriana y amigo muy cercano de Agripina, nombra a Nerón emperador, en sustitución, claro está, del fallecido Claudio.

A los 17 años, Nerón había arribado a la cima y Agripina se había salido con la suya, pero... —y siempre hay un pero— Nerón, un gordito aparentemente débil y muy afeminado, decidió, sin encomendarse a nadie, poner orden, su orden, a todos los que le rodeaban. Lo primero que hizo, por si las moscas, fue matar a Británico, el hijo legítimo del difunto Claudio. Agripina, feliz, se frotaba las manos pensando que ya era la dueña del imperio, pero Nerón no pensaba de la misma manera.

Nerón dejó, haciendo acopio de paciencia, pasar tres años y entonces, mandó asesinar a Agripina (se dice que la mató el mismo, pero ese detalle tan perturbador no se ha podido confirmar). Como las mujeres no eran su fuerte, elimina también a Octavia, su esposa oficial y su prima. Ya Nerón es huérfano y también viudo. Entonces, nada le impide dedicar su tiempo a los amantes masculinos que le rodean: Dioforo, Aulio Plaucio y Esporo, entre otros.

Pero, ¡un momento! También tiene una amante femenina: Sabina Popea, con la que se casa enamoradísimo y que muy pronto queda embarazada, algo nada bueno para la pobre Sabina —una gordita muy coqueta, según se aprecia en un busto que existe de ella—, pues Nerón sospecha que el hijo que viene no es suyo, y entonces, en un arrebato de celos, la mata pateándole salvajemente el vientre. Cuando Sabina Popea expira, Nerón descubre, asombrado, que su poder no puede traerla de vuelta. Cuentan que ese hecho, la imposibilidad de que su poder imperial resucitara a los muertos, le marcó para siempre, haciéndole llorar desconsoladamente, y por mucho tiempo, la partida de la muchacha.

La historia habla de un personaje, la esclava siria Actea, que parece haber mantenido intermitentemente relaciones carnales con Nerón. De ser así, tiene que haber sido una mujer sumamente inteligente o con mucha suerte, pues le sobrevivió.

Ya al final de su mandato —que también tuvo sus sucesos buenos, como la estabilización de la moneda y la terminación del puerto de Ostia— se le acusó del incendio de Roma, en el año 64 DNE. Es posible que él no fuera el autor material y que la acusación fuera una calumnia de Tácito y Suetonio, sus enemigos jurados. Nerón, para defenderse, acusó a su vez a los cristianos, una secta pequeña y poco conocida entonces, lo que determinó que acabaran en el circo.

Los cristianos no importaban mucho, pero los senadores y los funcionarios imperiales comenzaron a preocuparse muy seriamente con la paranoia y la locura del emperador. La rebelión comenzó en la Galia y rápidamente se extendió por todo el imperio. Galba, gobernador militar de Hispania, marchó con sus legiones sobre Roma. Nerón hizo algunos intentos desesperados por mantener el control, pero pronto se dio cuenta (no era nada tonto) de que se le había hecho tarde. Decidió vengarse de la ingratitud de los romanos privándoles de su más grande artista: él mismo. Puso un puñal bien afilado en las manos de su esclavo y amante ocasional, Epafrodito, y le ordenó que le cortara la garganta. Toda Roma respiró tranquila.

La frase «pan y circo» quedará siempre como un paradigma del pragmatismo político del que los patricios y gobernantes romanos hacían gala. En realidad, además del circo, el pueblo llano de Roma pedía pan, vino y aceite, con lo que satisfacía su canasta básica.

Una nota interesante. Los médicos griegos hicieron carrera en Roma, como ya expusimos más arriba, y uno de ellos, la esclava Metrodora, que ejercía de partera y sanadora de mujeres (ginecóloga) en el siglo I DNE, nos ha dejado una buena descripción de la «sitergia», una especie de anorexia nerviosa que aquejaba a algunas jóvenes romanas de clase alta. ¡Ya en aquel tiempo!

El Príncipe Esterházy y sus fabulosos gustos

El príncipe Paul III Anton Esterházy vivió entre 1786 y 1866, ochenta años justos, que no era poco en aquel tiempo, y en este también, vale.

Fue el príncipe Esterházy un destacado miembro de la nobleza austro-húngara, amigo cercano y confidente de varios reyes y emperadores y ministro de exteriores del Imperio. Pero hoy no se le recuerda por sus logros en política exterior, sino por su famosa tarta, de la que estaba, por cierto, muy orgulloso.

La tarta Esterházy estaba formada por cinco capas circulares de masa compacta de clara de huevo, azúcar, mantequilla, almendras ralladas y harina, separadas por cuatro capas de crema y dibujada en su parte superior por chocolate en hilos y frutas secas picadas.

Ni que decir que su escudo de armas se imprimía en la parte superior de la tarta. Pero ahí no terminaban sus gustos culinarios. Adoraba las trufas —hoy diríamos que era fan de ellas— y las pagaba a precio de oro, y esto lo decimos literalmente.

Una trufa nunca lo va a matar a usted, salvo que muera del susto al ver la cuenta. Tampoco le va a aumentar de peso.

Hoy por hoy las trufas verdaderas, peso por peso, son el

plato más caro del mercado mundial. Un kilogramo de trufas blancas oscila alrededor de los $7000, y las negras, un tanto más corrientes, andan por los $2500.

Las trufas tienen un olor penetrante —como de gas butano, o gas de cocina— y el sabor es algo amargo y único, difícil de describir, sobre todo, como le ocurre al autor de este libro, si nunca se han probado (las legítimas), aunque espera hacerlo antes de morir.

Las descripciones, incontables, van desde «celestial» y «fabuloso» en un extremo, hasta «no sabe a nada» o «sabor a cartucho de papel» en el otro extremo, pero esta última, aunque viene de un chef muy reconocido, pudiera tomarse como un acto de despecho.

¿Y el príncipe Esterhazy? Pues de estar vivo estaría comiendo, y no solo su tarta y las trufas, sino muchas otras delicias, y según decían sus contemporáneos, en grandes cantidades y muy bien regadas con los vinos del Rin.

¿Cómo pudo vivir ochenta años comiendo de esa manera?

El hombre cae en el pecado original y pierde el paraíso por culpa de la serpiente del mal, que ofrece a Eva, la primera mujer, una manzana.

Capítulo 8

La culpable fue la manzana

La *Biblia*, por definición, es una suma de libros, algunos de ellos aceptados por todas las religiones monoteístas y otros solamente por unas pocas de ellas, e incluso otros, denominados apócrifos, por ninguna.

Es correcto dejar claro que de algunos de esos libros solo se conocen partes y otros, de los que hay referencias, nunca han aparecido. El período histórico temporal que abarcan los libros de la *Biblia*, en total, son de casi treinta siglos.

En líneas generales, la *Biblia* no es más que un recorrido por la historia del pueblo hebreo. La división en *Antiguo* y *Nuevo Testamento* es cristiana. Y esta última recopilación de libros, el *Nuevo Testamento*, mucho más moderna, no es reconocida por las otras religiones monoteístas.

En este capítulo nos limitaremos —este libro trata sobre un tema muy particular: la obesidad— a referirnos a ciertos personajes y comentarios que puedan tener alguna relación con el susodicho tema.

El *Génesis*, primer libro reconocido de la *Biblia*, es como una introducción o un prólogo que justifica la existencia del pueblo judío, la que comienza a narrarse en el segundo libro: el *Éxodo*. La comida está estrechamente relacionada al Génesis. El hombre cae en el pecado original y pierde el paraíso por culpa de la serpiente del mal, que ofrece a Eva, la primera mujer, una manzana. El mal y la desgracia del género humano, que se traducen en la obligación de trabajar para vivir y parir con dolor, comienzan con una fruta. Hoy atacamos las grasas y defendemos las frutas, pero parece ser que los antiguos no pensaban de la misma manera.

Los hijos de Adán y Eva, Caín y Abel, crearon la agricultura y la crianza de animales. Fueron ellos entonces, según la *Biblia*, los que trajeron todas las bondades de la comida y todos los desatinos que también le debemos, incluida la gordura. Que Caín asesinara a Abel por la recepción de Dios a la calidad de las ofrendas, todas alimentarias, ya es una premonición de lo que vendría después.

En el *Éxodo* se cuenta la historia del maná que cayó del cielo. El maná es un vegetal parecido al cilantro, que debe ser tostado y reducido a una especie de harina con la que se fabrica un pan de muy difícil digestión. Podríamos decir que el maná fue un regalo envenenado. Con semejante comida y caminando todo el día era imposible engordar.

El pueblo hebreo no tenía una cultura culinaria amplia, fenómeno que no se ha extendido hasta nuestros días por la asimilación muy inteligente de otras fuentes culturales gastronómicas. Pero en aquellos tiempos sus tierras no eran nada fáciles de cultivar y ellos tampoco experimentaban mucho con nuevos renglones. En cuanto a los animales, las limitaciones que imponían sus reglas religiosas eran grandes. La prohibición de ingerir cerdo puede haber tenido una razón práctica pues la triquinosis, transmitida por la carne del animal, no tenía cura alguna en aquel tiempo y disminuía enormemente el rendimiento laboral de la población activa.

En el *Levítico*, tercer libro del *Antiguo Testamento*, se regulan, entre otras cosas, los sacrificios hechos a Yahvé. Queda claro que Dios prefiere la carne y la sangre del cordero o cualquier otro animal, y los vegetales y verduras quedan para los hombres. Una propuesta que cualquier vegetariano o vegano actual avalaría.

Los hebreos eran bastante liberales en el consumo de vino. Esto puede confirmarse leyendo *Números*, el cuarto libro. Por lo menos, libando sus copas, podían olvidar por unas horas tantas limitaciones y castigos.

El *Deuteronomio* (*Libro de la Segunda Ley*) es, en cierta forma, la historia de la despedida de Moisés, y en el capítulo XIV, versículo 21 de este libro, se encuentra un párrafo que ha sido citado muchas veces como referencia a cierto grado de maldad y doblez:

> Ninguna cosa mortecina comeréis; al extranjero que está en tus poblaciones le darás, y él podrá comerla; o véndela a un extranjero, porque tú eres pueblo santo a Jehová tu Dios[1]

Hoy, cualquier organismo sanitario cerraría y multaría un expendio que funcionara de semejante forma.

El *Nuevo Testamento*, mucho más moderno como su nombre indica, no es compartido por la religión judaica. Es la fuente básica del cristianismo actual y también está compuesto de varios libros: veintisiete en total, escritos en forma de epístolas. Nos ofrece más información sobre las costumbres sociales y culinarias diarias del pueblo hebreo y su temática está más centrada en los problemas sociales de la comunidad.

Leyendo el *Nuevo Testamento* nos queda la sensación de que aquel pueblo era, casi siempre, vegetariano: pan ácimo, frutas secas, dátiles, aceitunas, cebollas, habas, pepinos, legumbres, algunos cereales, potaje de lentejas y alguna que otra vez pescado.

Los hebreos desconocían el azúcar y su principal fuente calórica era el aceite. La carne, sobre todo la de cordero, se separaba para el sacrificio en el templo. Es

1 La Santa Biblia, Antiguo y Nuevo Testamento. Antigua versión de Casiodoro de Reina, 1569. Revisada por Cipriano de Valera, 1602. Otras revisiones: 1862, 1909 y 1960. Sociedades Bíblicas Unidas, 1960. 1 Reyes 11, 1-8 (N. del E.)

posible que, en la Pascua, después que el sacerdote degollara el animal, la familia se llevara la carne para la casa y como una excepción anual, la comiera. Las aves se comían a veces, pero eran difíciles de mantener y sumamente caras. Los grillos y saltamontes eran una comida común y una muy apreciada fuente de proteínas.

En los *Evangelios* se cuentan veintisiete milagros realizados por Jesús de Nazaret. Tres de ellos tienen que ver con la alimentación:

- La pesca milagrosa en el Mar de Galilea
- La conversión del agua en vino durante las bodas de Caná
- La multiplicación de los panes y los peces para la multitud de sus seguidores

Este último, la multiplicación de panes y peces, es el único que aparece narrado de una u otra forma en todos los Evangelios. Obsérvese que ninguno de ellos tiene nada que ver con carnes de res, cerdo o aves. En la Última Cena, uno de los acontecimientos evangélicos más conocidos de la historia, Jesús solo brinda pan y vino.

En la imaginería del *Nuevo Testamento*, Jesús ha quedado como un hombre extremadamente delgado, casi caquéctico, sobre todo en el período cercano y durante la crucifixión. Refleja, así lo vemos hoy, la bondad y el enorme sacrificio que está llevando adelante por la humanidad, pero en aquella época esa imagen era la habitual de la mayoría de los hombres.

Caifás, el sacerdote que lo condena, es gordo y barrigón, practica la gula y es sinónimo de injusticia y maldad.

Pero debe recordarse que estas imágenes son muy posteriores a los acontecimientos, generadas fundamentalmente por la iconografía medieval y renacentista. La Roma de la época no tomaba en cuenta, salvo militarmente, a los misérrimos pueblos de la Palestina, y estos, a su vez, casi no tenían manifestaciones apreciables de arte, debido precisamente a su atraso y pobreza.

La Gula

La gula es un vicio y además, es un acto de mala educación.

También, para los cristianos, es un pecado capital y como tal se le describe en la *Biblia*.

Dante, en el Infierno de su *Divina Comedia*, condenó a los practicantes de este vicio a permanecer entre dos árboles cargados de frutos sin poder alcanzar nunca ninguno de los dos. O sea, padecerían hambre por los siglos de los siglos. ¡Cruel que era el Alighieri!

Los proverbios del *Viejo Testamento* son aún más duros, si cabe, recomendando el cuchillo al cuello del pecador, del goloso, para detener el mal. ¡Terrible!

Gula significa comer y beber de una forma desmedida, exagerada, grosera, sin preocuparse por mantener una actitud correcta en la mesa con las personas que nos acompañan y dejando de lado la elegancia y la educación formal.

Antiguamente se consideraba la ingesta de bebidas alcohólicas en exceso, las borracheras, como una forma de gula, pero eso ha caído en desuso (se entiende que las borracheras no).

Las personas que practican la gula suelen descuidarse de su apariencia personal. También, los que comen con gula, suelen padecer de enfermedades metabólicas debido a la gran cantidad de grasas y azúcares que consumen.

De gula vienen las palabras goloso y golosina.

Capítulo 9

Ocultar la belleza a toda costa

En diciembre de 1859, en su mansión de París, la esposa del príncipe Carlos Luis Napoleón, la bellísima Eugenia de Montijo, está intercambiando palabras fuertes con su marido. Acaba de ver el cuadro que el pintor Jean Auguste Dominique Ingres —un viejo decrépito y libidinoso— como argumenta ella, ha hecho llegar, como presente al joven príncipe.

Él se resiste por unos minutos, pues la pintura le ha gustado, pero al fin se rinde a la vehemencia y la indignación de su mujer y ordena devolver el lienzo. El cuadro ha sido expulsado de palacio, pero ha entrado a lo grande en la historia de la pintura.

Se trata de un óleo pintado sobre un lienzo circular de poco más de un metro de diámetro (108 centímetros) y que muestra como el artista imagina a unas veinticinco mujeres jóvenes, totalmente desnudas y en posturas muy eróticas, incluso brindándose mutuamente tiernas caricias, algunas de ellas. La escena se desarrolla, supuestamente, en el gran salón de baños de un harén palaciego turco, en una época difícil de precisar.

Ingres había leído, años antes, una carta de Lady Mary Wortley Montagu, fechada el primero de abril de 1717, escrita a su amiga Elizabeth Rich. En la misiva, escrita después de un periplo por tierras musulmanas que causó sensación en su momento, hay un párrafo que obsesionaría durante todo el resto de su vida a Ingres: «Creo que en total había unas doscientas mujeres; los primeros sofás estaban cubiertos con cojines y suntuosas alfombras, en los cuales se sentaban las señoras y en los segundos sus esclavas detrás de ellas. Todas en su estado natural, es decir, en inglés liso y llano, tal como vinieron al mundo. Muchas de ellas estaban tan perfectamente proporcionadas como cualquier diosa salida de los pinceles de Tiziano. Me encantó su cortesía y belleza. Es la muerte segura para cualquier hombre al que encuentren en uno de esos lugares».

Hoy podemos ver en el Museo del Louvre, una segunda versión del cuadro, casi idéntica a la primera, pintada en 1863, cuando Ingres tenía 83 años de edad. La pintura estableció, definitivamente, a Ingres como uno de los máximos exponentes del realismo romántico en el arte y fue de mucha enseñanza, entre otras razones por su atrevimiento, según Picasso y otros grandes. Además, dio nombre a eso que se conoce como «baño turco». Sería también, mirándolo desde otro ángulo, un llamado jubiloso a acudir a todos los cirujanos estéticos y liposuccionistas del planeta, pues el gusto carnal de Ingres, perfectamente reflejado en la pintura, se asemejaba mucho al de Rubens.

Hemos comenzado este capítulo contando esta sabrosa anécdota para ilustrar un hecho que ha llamado la atención de los historiadores durante siglos, y es la ausencia casi absoluta de representación del cuerpo humano, sobre todo del femenino, en el arte musulmán. Las macizas bellezas que Ingres dibujó en el baño turco estaban únicamente en su cerebro, lujurioso, sin la menor duda, pero no en sólidos elementos históricos o documentales.

La práctica del hiyab, el código musulmán que establece la obligación de no enseñar en público partes del cuerpo femenino y, por extensión, el uso permanente de velos (jumur), túnicas (chilabas), pañuelos para cubrir el rostro (litam), piezas completas de tela negra (chadores) y burkas, que malamente permiten a las mujeres mirar hacia delante a través de la tela, unido a la ausencia de descripciones literarias o incluso biográficas, han hecho casi imposible conocer, para el mundo occidental, como son las mujeres islámicas debajo de sus vestidos, y de cierta forma lo mismo es válido para los varones.

La poesía era mucho más liberal, incluso a veces escandalosamente liberal, pero ese estudio va más allá de los intereses de este libro.

Cuando la filosofía griega era conocida y discutida desde hacía siglos por los hombres cultos, el Imperio Romano dominaba enormes extensiones de tierra al este y al oeste del Mediterráneo, y Buda pertenecía ya a la mitología y la historia humanas desde hacía mucho tiempo, el islamismo no existía aún.

Los árabes, habitantes de la Península Arábiga (la actual Arabia Saudita y partes de Siria, Yemen, Kuwait, Irak y los Emiratos) constituían clanes y tribus del desierto, los denominados beduinos, que adoraban los astros y algunas piedras, y en las costas y el norte más húmedo habían crecido algunas ciudades no muy grandes como Palmira y Petra. El reino costero de Saba —la bellísima reina hollywoodense supuestamente amante de Salomón— había desaparecido de lo que hoy es el Yemen, unos mil años antes. Y esos árabes no eran, todavía, islámicos.

Todo comenzó con Mahoma, el último de los profetas, posterior a Musa (Moisés) e Isa (Jesús), pero el más importante y final de la cadena profética según los musulmanes.

Este hombre, que vivió alrededor de 62 años (570-632 DNE), nunca viajó fuera de los límites de la Península Arábiga, donde nació. Fue mercader hasta los cuarenta años de edad y de ahí en adelante predicador y algunas veces guerrero, aunque con desigual fortuna militar. Dejó a sus seguidores un cúmulo de versículos expresados verbalmente, pues era analfabeto, que ellos se encargaron de recoger en forma de libro, el *Corán*, que habría de convertirse en la guía y fuente de la verdad revelada para millones de seres.

Mahoma, hombre contradictorio en sus actos —primero se casó con una mujer veinte años mayor que él y luego con una niña de seis años— tenía, sin dudas, un gran poder de persuasión, probado, entre otros hechos, al convencer a sus seguidores que había viajado en una noche a Jerusalén y en otra al Cielo a entrevistarse con los profetas muertos, o al justificar, en el nombre de Dios, decapitaciones en masa, como la de los hombres de la tribu de Banu Qurayza.

Una de las prácticas comunes del islamismo es el ayuno. En diferentes fechas del año se ordena el ayuno, pero durante el mes del Ramadán este debe practicarse diariamente entre la salida y la puesta del sol. Pudiera y debiera ser una forma de purificar el cuerpo y, por tanto, de perder peso, pero ocurre que muchas veces se consumen alimentos de una manera exagerada en las horas permitidas. La prohibición del consumo de alcohol sería también una práctica beneficiosa para la salud, si no fuera transgredida de diversas maneras.

Se debe a los árabes la introducción del azúcar en Europa. Ellos no la descubrieron, pero propagaron el cultivo de la caña azucarera y su posterior procesamiento industrial, incluso, en tierras españolas, lo que permitiría su posterior arribo a las Américas. Es conocido que gustaban de la repostería y los dulces caseros.

En la medicina también los árabes tuvieron su edad de oro. Entre los siglos X y XII de nuestra era, cuando Europa pasaba por uno de sus ciclos más obscuros. Grandes figuras científicas de la cultura árabe mantuvieron viva la llama del saber griego y romano, e incorporaron muchos aportes propios: Abdallah Ibn Sina, Avicena para nosotros (980-1037), se extendió en sus escritos sobre la importancia de la frugalidad al comer, para evitar, entre otros males, la obesidad. Averroes, el judío Maimónides y otros sabios también escribieron, sobre todo en la forma de aforismos, sobre este asunto.

Mucho le debe la cultura europea renacentista al mundo árabe, pero, lamentablemente, en la actualidad no se observa una efervescencia científica y cultural como la de aquellos tiempos, más bien todo lo contrario.

¿Un plagio gastronómico?

En 1879 se comenzó a imprimir, con un hierro al rojo, el sello de armas del Trinity College sobre la superficie plana de un dulce de crema frío cubierto por una capa muy caliente de caramelo. Se le denominó, por tanto, a esa delicia gastronómica, Trinity *cream*.

Eso nos lleva a que el sabroso postre que más tarde sería conocido como *crème brûlée* es, en realidad, inglés, pero los franceses lo adoptaron rápidamente y lo hicieron suyo, por lo que todos creemos que es galo de nacimiento. Pero la cosa se complica.

Los franceses, muy quisquillosos con su famosa cocina, han demostrado que en el libro de cocina de François Massialot, publicado nada más y nada menos que en 1691, ya se explica la forma de preparar esta sofisticada obra de repostería. ¿Estaría entonces resuelto el caso a favor de los francos? Pues no.

Massialot nombró su dulce... ¡*crème anglaise*!

En realidad, da igual. Es un postre muy sabroso y se consume hoy en casi todo el mundo.

¡Ah, y tenemos que lidiar con el hecho de que es un dulce muy proclive a la confusión y el plagio! ¿No lo cree? Pues los españoles le llaman, desde hace más de un siglo, crema catalana.

La historia del arroz está estrechamente ligada a la de los países asiáticos y su cultivo es para estos, además de una necesidad vital, una fuente de mitos y alegorías religiosas referentes a la fertilidad.

Capítulo 10

La cultura del arroz

¿Fue realmente el señor Marco Polo a la China?

Pues, aunque unos pocos de sus contemporáneos y algunos investigadores actuales lo han puesto en duda, parece ser que Maese Polo sí viajó a la China por la Ruta de la Seda, pasó unos dieciséis años por esas extrañas tierras y regresó a Venecia, su ciudad natal, por vía marítima.

China, y el Asia en general, eran por entonces y desde tiempos inmemoriales, un mundo misterioso, exótico y cerrado a los occidentales. Un mundo del que venían, esporádicamente, telas riquísimas como la seda, alimentos exóticos y un cereal que, con el tiempo, habría de nutrir a la mitad del planeta: el arroz. Y, además, cada varios siglos, invasiones de guerreros feroces y crueles como Atila.

Pero acerquémonos. Repitamos la travesía de Marco Polo y vayamos a conocer un poco la historia del arroz.

El origen del arroz —denominado científicamente *Oryza sativa*— es controversial. Para algunos investigadores, los primeros rastros del arroz silvestre o salvaje se encuentran en las estribaciones de los montes Himalaya y datan de hace unos 7000 años. Para otros, estas espigas originarias provienen del valle del Ningpo, en la China central, más o menos por la misma época, o incluso antes (10,000 años atrás). Los menos, aunque con datos que no pueden ser pasados por alto, lo ubican en territorios bajos, muy cercanos al mar, de la actual Tailandia.

Se ha demostrado que en el delta del río Níger, en África, existía un tipo de arroz, denominado hoy *Oryza glaberrima*, hacia el año 1500 ANE.

La historia del arroz está estrechamente ligada a la de los países asiáticos y su cultivo es para estos, además de una necesidad vital, una fuente de mitos y alegorías religiosas referentes a la fertilidad.

¿Nunca ha pensado, estimado lector, en el origen de la costumbre de tirar arroz sobre las cabezas de los recién casados una vez concluida la ceremonia matrimonial pública y antes —es un decir— de consumar la primera relación íntima de la pareja?

La historia de China se remonta en el tiempo tanto como la del arroz. Generalmente se intenta una cronología a través de las casas reinantes o dinastías, que comienza con tres personajes mitológicos —los tres Augustos— y continúa con cinco emperadores cuya existencia es discutida. El más conocido es el llamado Emperador Amarillo (alrededor de 3000 ANE). Luego, comienzan las denominadas dinastías históricas y la primera es la Xia, cuyos inicios datan del año 2100 ANE.

Esta sucesión de casas reinantes se encadena por cuatro milenios, con guerras, golpes de estado, asesinatos políticos, intrigas palaciegas, rebeliones y todo tipo de cataclismos, hasta arribar al año 1912, en que Puyi, el último emperador de la dinastía Qing, es derrocado por la llamada Revolución de Xinhai.

El arte chino está marcado por tres corrientes filosófico religiosas: el taoísmo, el confucianismo y el budismo. La pintura es elegante, ligera y con muy poca utilización de la figura humana. El gordo del arte chino es Buda, el Iluminado, que se encuentra en la escasa estatuaria, aunque el tercer emperador de la dinastía Ming, Yongle, que cambió la capital de Nanjing a Beijing en 1403, aparece, en una rara pintura, como un señor obeso y sedente, pero de mirada muy astuta.

Habría que esperar hasta 1949 para encontrarnos con otro gordo, Mao Zedong, una de cuyas fotos fue convertida en un ícono, carísimo por cierto, del arte *pop* norteamericano por Andy Warhol, pero ya eso es historia reciente.

Además de arroz, los chinos consumían trigo y cebada. En épocas de penuria, el mijo, una planta muy resistente a los cambios climatológicos se convertía casi en la única fuente de nutrientes del pueblo llano. Aunque la carne, cualquier carne, era considerada un lujo, el cerdo constituía la única fuente de proteína animal que podían permitirse los pobres de China, y los pobres eran muchísimos, digamos que demasiados.

Los chinos también nos han legado el té y los palillos para comer. Se cuenta que los palillos surgen por la antiquísima costumbre de picar las carnes y pescados en pedacitos muy pequeñitos, lo que hacía innecesario el empleo del cuchillo. Es interesante el hecho de que el uso gastronómico de los palillos no se extiende a los países vecinos (Japón, Corea, Vietnam y Tailandia) hasta el siglo XVI o XVII de NE. Aquí cabría el viejo chiste de que los chinos, cuando sus invitados se van, sacan los tenedores y cuchillos y guardan los palillos, pero eso no es más que una broma.

Los mongoles, un pueblo nómada oriundo del Asia central, se expandieron velozmente entre 1206, año en que Esugey Baatar , conocido por su nombre imperial de Gengis Kan, unificó todos los clanes, y 1368, año del final del mandato mongol sobre los chinos. Precisamente fue Kublai, el nieto de Gengis, el emperador mongol que conoció Marco Polo, y para quien, según nos cuenta el propio Marco Polo, cumplió diversas tareas diplomáticas y comerciales.

La cultura mongol se expresa fundamentalmente en relatos, casi siempre orales, y una mitología no muy extensa. Su pintura no es muy rica. Un pueblo dedicado a la conquista militar no debía enaltecer a los sedentarios y los gordos, pero cuando vemos viejas pinturas que representan a los emperadores, observamos a señores de caras redondas y cuerpos rechonchos. Esto quizás sea explicado por el fenotipo mongol. Parece ser cierto que los jinetes mongoles, de los mejores del mundo, ponían bajo sus monturas pequeñas bolsas de leche que se hacían yogur primero y queso después con el movimiento. Parece ser cierto que eso, y solo eso, constituía todo su alimento durante días.

Los coreanos forman un pueblo acostumbrado a vivir entre montañas, soportando un clima muy duro y variable. Su alimento básico ha sido el arroz y el *kimchi*, un vegetal que tiene cierto parecido con la lechuga y que se prepara con sal y rábanos. Pueblo guerrero y trabajador, nunca ha favorecido la gordura, sin embargo, pueden verse las pocas fotos sin retoque de los tres dictadores que han gobernado con mano de hierro la parte norte del país en los últimos sesenta años: Kim Il Sung, su hijo Kim Yong Il y el nieto, el joven y cruel Kim Jong-un, y se notará que son obesos moderados, igual que lo era Mao. Cosas de los defensores del pueblo.

Japón es un pueblo insular que ha luchado, desde siempre y con mucho ingenio, contra la falta de recursos naturales y alimentarios. Estas carencias han arrastrado a los nipones a guerras de pillaje que casi nunca han terminado bien para ellos mismos. Su historia, como la de China, es larga y complicada. El denominado período Jomon, que transcurre entre más o menos 5000 años ANE y el 200 ANE, está lleno de mitos y una sorprendente ausencia de documentación histórica fiable. A despecho de su insularidad, los japoneses se nutrieron de formas culturales y gastronómicas autóctonas, muchas otras propias de los chinos, de los coreanos y otros pueblos tanto continentales como de las islas del Pacífico. El sintoísmo, una filosofía con elementos de religión, es un buen ejemplo de este sincretismo cultural japonés.

El budismo llega a Japón alrededor del siglo quinto de

NE y es aceptado por muchos, no obstante, no influye de manera importante en el arte japonés. La alimentación, a base de arroz y pescado (asociados finamente en el sushi) comienza a tomar su propio camino y a crear muy sutiles ideas gastronómicas.

Las grandes diferencias de Japón con el resto de los países asiáticos se establecen en el período Tokugawa, o Edo, alrededor del año 1600 de nuestra era. Es entonces que el imperio se cierra sobre sí mismo y se aísla del resto del mundo. Estos son los años de los samuráis, del código Bushido (en el que se inspiraban los soldados kamikazes al final de la Segunda Guerra Mundial) y de la absoluta autosuficiencia alimentaria. En 1868, con los emperadores Meiji, se abre el país a la tecnología occidental, sobre todo la militar, pero mantiene su insularidad a ultranza y su nacionalismo chauvinista. Todo esto se refleja muy bien en sus rituales: la preciosista ceremonia del té, la institución de las *geishas* (llevadas y traídas por la literatura y el cine occidentales), la adoración irrestricta al emperador (aunque su poder sea más celestial que humano) y el suicidio ritual o *seppuku*, permitido solo a los varones, y en el que el intestino, ese elemento necesario a la vida, pero indeseable, es expulsado al exterior violentamente.

El arroz es hoy un elemento nutricional omnipresente en el planeta. Su valor proteico y vitamínico es bajo y su valor calórico muy alto, pero su gran capacidad para asociarse de una forma agradable con otros nutrientes le convierte en una parte muy importante de la dieta de muchos pueblos.

Un *risotto* en Italia, un sushi en Japón, un arroz con pollo en Cuba, un jambalaya en el sur profundo norteamericano o un arroz con leche en España son delicias para olvidar por un rato las libras de más. ¡Disfrute!

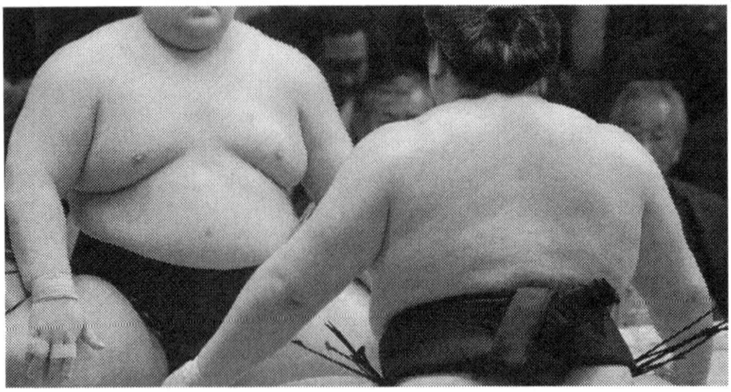

Una excentricidad asiática: El Sumo

Si usted aspira a ser un buen luchador de sumo debe someterse a un entrenamiento adecuado, de eso no hay dudas, pero, sobre todo, tiene que engordar.

Si se decide, está en la obligación de colocarse bajo el patrocinio de un *sekitori*. Un *sekitori* es un antiguo luchador, un conocedor profundo de las técnicas y un reverenciado maestro. Si el *sekitori* estima que usted tiene condiciones, entonces le nombrará *rikishi*, o aspirante, solo aspirante, a luchador de sumo. Así comienza todo.

La disciplina, sumamente estricta, comienza a las cinco de la mañana con un ritual sintoísta muy propio del sumo. Se pide a los dioses fuerza, valor y concentración. Le harán falta.

Los entrenamientos físicos se extienden por horas y hacen hincapié en las danzas y las coreografías de grupos, sobre todo las que tienen que ver con el manejo de los pesados cuerpos de los otros alumnos sin perder el equilibrio propio. Se ejecutan ruedas en las que se empuja al que va delante y este a su vez hace resistencia, y así por horas y horas.

¿Y el desayuno? Pues no hay desayuno.

Cualquier ingestión de alimentos en la mañana está terminantemente prohibida. No se asombre. Esta draconiana medida tiene dos importantes explicaciones: la más obvia es templar el carácter y fortalecer la capacidad de sacrificio del luchador, pero la segunda razón es mucho más importante desde el punto de vista metabólico. Las largas horas sin ingerir alimentos alteran el metabolismo, «asustando» a las células que almacenan la grasa, los adipocitos, predisponiéndolos así —mediante mecanismos bioquímicos y hormonales— a retener grasa a toda costa.

Después del mediodía, se acerca el momento de abandonar el *dohyo*, el ring donde se desarrolla el entrenamiento y también la lucha. Comienza el *chankonabe*, un ritual que debe ejecutarse concienzuda y largamente. En silencio y con mucha calma, el luchador de sumo va a deglutir, durante varias horas y masticando cuidadosamente, grandes cantidades de diferentes pescados, carne de res, cerdo y aves, vegetales, arroz y viandas, todo hervido y cocido a la tabla. ¡Y asómbrese! Acompañado con litros de cerveza —no, agua no—, cerveza. Y cuando ya no pueda tragar ni un bocado más, cuando el luchador parece que va a explotar, pues a dormir la siesta.

La inmensa robustez de estos atletas —dos términos muy chocantes en la misma frase— puede llegar a tales extremos que necesiten ayuda para llevar a cabo una higiene anal adecuada después de defecar. Por supuesto, los más famosos y mejor pagados cuentan con una *geisha* propia para tales menesteres y, suponemos, que para otros también.

El sumo tiene una larga tradición en China, India y Corea, pero su historia documentada comienza en Japón hace algo más de mil años. La discusión acerca de si el sumo es un arte marcial o un deporte, ha pesado mucho en su no inclusión en los Juegos Olímpicos. Hoy se ha extendido a diversos países donde ha habido campeones mundiales hawaianos, mongoles, rusos y búlgaros.

La cara obscura de esta vieja práctica está en el alto precio en salud que deben pagar los atletas profesionales. Condiciones como la diabetes *mellitus*, la hipertensión arterial, las anginas de pecho, las artrosis y artritis graves de las rodillas y caderas, la cirrosis hepática ocasionada por la asociación de hígado graso más la ingestión de grandes cantidades de cerveza, los accidentes encefálicos y la muerte súbita —probablemente producida por arritmias severas—, entre otros padecimientos, son extraordinariamente frecuentes entre estos hombres, y lo peor, a edades muy tempranas.

La perspectiva de vida de un luchador de sumo es de alrededor de 60 años, casi veinte por debajo de la expectativa media del hombre japonés actual, y tiende a acortarse a medida que este tipo de lucha se hace más competitiva y genera ganancias más altas gracias a la televisión.

Si después de leer esto aún piensa en buscar el patrocinio de un *sekitori*, pues adelante. Le deseamos suerte.

Cuando Cristóbal Colón arribó al Nuevo Mundo, en 1492, nadie en Europa, Asia o África conocía el chocolate y, por supuesto, él desconocía que uno de los aportes más conocidos y más perdurables de esas tierras que estaba comenzando a descubrir para el Viejo Mundo sería, precisamente, el cacao, o sea, el chocolate.

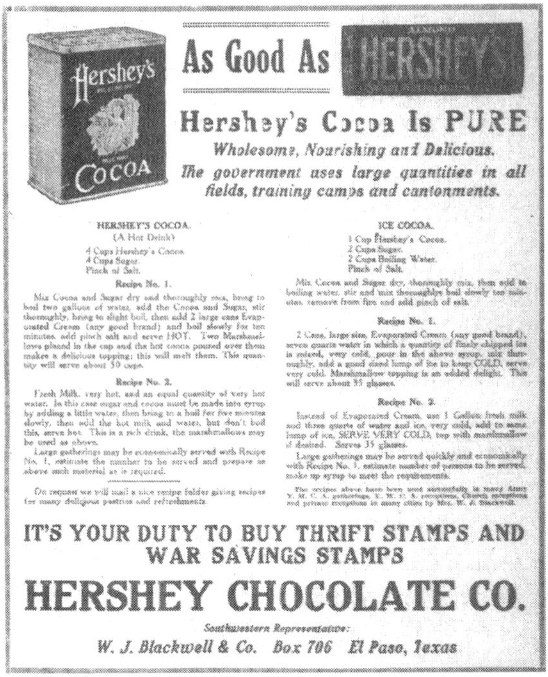
Hershey's
COCOA
As Good As
HERSHEY'S
Hershey's Cocoa Is PURE
Wholesome, Nourishing and Delicious.
The government uses large quantities in all fields, training camps and cantonments.
HERSHEY'S COCOA.
(A Hot Drink)
4 Cups Hershey's Cocoa.
4 Cups Sugar.
Pinch of Salt.
Recipe No. 1.
Mix Cocoa and Sugar dry and thoroughly mix, bring to boil two gallons of water, add the Cocoa and Sugar, stir thoroughly, bring to slight boil, then add 2 large cans Evaporated Cream (any good brand) and boil slowly for ten minutes, add pinch salt and serve HOT. Two Marshmallows placed in the cup and the hot cocoa poured over them makes a delicious topping; this will melt them. This quantity will serve about 50 cups.
Recipe No. 2.
Fresh Milk, very hot, and an equal quantity of very hot water. In this case sugar and cocoa must be made into syrup by adding a little water, then bring to a boil for five minutes slowly, then add the hot milk and water, but don't boil this, serve hot. This is a rich drink, the marshmallows may be used as above.
Large gatherings may be economically served with Recipe No. 1, estimate the number to be served and prepare as above such material as is required.
On request we will mail a nice recipe folder giving recipes for many delicious pastries and refreshments.
ICE COCOA.
1 Cup Hershey's Cocoa.
2 Cups Sugar.
2 Cups Boiling Water.
Pinch of Salt.
Mix Cocoa and Sugar dry, thoroughly mix, then add to boiling water, stir and mix thoroughly, boil slowly ten minutes, remove from fire and add pinch of salt.
Recipe No. 1.
2 Cans, large size, Evaporated Cream (any good brand), seven quarts water in which a quantity of finely chipped ice is mixed, very cold, pour in the above syrup, mix thoroughly, add a good sized lump of ice to keep COLD, serve very cold. Marshmallow topping is an added delight. This will serve about 35 glasses.
Recipe No. 2.
Instead of Evaporated Cream, use 1 Gallon fresh milk and three quarts of water and ice, very cold, add to same lump of ice, SERVE VERY COLD, top with marshmallow if desired. Serves 35 glasses.
Large gatherings may be served quickly and economically with Recipe No. 1, estimate number of persons to be served, make up syrup to meet the requirements.
IT'S YOUR DUTY TO BUY THRIFT STAMPS AND WAR SAVINGS STAMPS
HERSHEY CHOCOLATE CO.
Southwestern Representative:
W. J. Blackwell & Co. Box 706 El Paso, Texas

HERSHEY'S
Milk Chocolate
HERSHEY'S
Milk Chocolate
HERSHEY'S
Milk Chocolate
HERSHEY'S
Milk Chocolate
HERSHEY'S
Milk Chocolate

Capítulo 11

Las tierras del cacao

Cualquier filatélico, o Google, puede mostrarle una estampilla de correos norteamericana de 32 centavos que tiene el retrato de un señor canoso, de bigotes, con un rostro y una sonrisa amables. En un borde el sello dice: *Milton S. Hershey. Philanthropist.*

Eso nos cuenta algo, pero no lo suficiente de este hombre conocido también como «The Chocolate King». Greg Rothman, biógrafo de Milton S. Hershey, escribió que este fue al chocolate lo que Henry Ford fue al automóvil.

Hershey nació en un pueblo pequeño de la campiña de Pennsylvania, en 1857. Hijo de padres muy pobres que practicaban la religión menonita, dejó la escuela primaria en cuarto grado para trabajar a tiempo completo en lo que se presentara y nunca más volvió a hacer estudios complementarios. Fue, entre otras cosas, aprendiz de sastre, pero a los dieciocho años de edad le pidió 150 dólares a su tía Mattie y montó su primera y muy pequeña fábrica de caramelos.

Trabajaba toda la noche fabricando caramelos y los vendía durante el día, pero el alto precio del azúcar en aquella época hizo que su negocio fuera cada vez menos rentable y después de siete años de durísimo trabajo, tuvo que rendirse. Claro, una rendición momentánea. Trabajó en Denver, Chicago y New Orleans, siempre pensando en regresar a su negocio propio. Probó a hacer calmantes para la tos en New York y fracasó de nuevo.

A los 29 años de edad, Hershey pidió un nuevo préstamo y comenzó a fabricar «Crystal A Caramels» que eran sus caramelos originales, pero ahora con chocolate. Cuando ya algunos familiares y amigos le estaban aconsejando, de buena fe, que abandonara y se buscara un buen trabajo, el éxito llegó inesperadamente. Él lo explicó más adelante diciendo que ni en los momentos más sombríos abandonó la calidad de sus productos... y el chocolate, su «toque de Midas», hizo el resto.

Hershey se casó, en 1898, con Elizabeth «Kitty» Sweeney, una muchacha de ascendencia católica irlandesa, dieciséis años menor que él. Como no pudieron tener niños, ambos se dedicaron con ahínco a trabajar, haciendo chocolates, claro, y a hacer dinero. Desde el principio ella estableció que debían separar siempre algo para los menos favorecidos. En 1918, a los 61 años de edad, Hershey tenía ya una fortuna de unos 60 millones de dólares y todo lo empleó en la construcción de una pequeña pero bella ciudad —Hershey, Pennsylvania—, una universidad, la escuela para niños minusválidos, centros de recreo y viviendas para los obreros de su inmensa fábrica de chocolates.

Kitty murió a los 42 años de edad, a consecuencia de una enfermedad neurológica. Hershey, que nunca se volvió a casar, se refugió en el trabajo duro, su costumbre habitual, y en la soledad. Pero un día inolvidable para él descubrió la belleza de la ciudad de La Habana, en Cuba. Adquirió allí un apartamento y comenzó a negociar azúcar al por mayor. Jamás olvidó que había fracasado una vez debido al alto precio del azúcar y eso le motivó a entrar, para entonces, en ese lucrativo negocio.

El siguiente paso fue construir una moderna factoría de azúcar a las afueras del pueblo de Santa Cruz del Norte, relativamente cerca de La Habana. Le llamó

Central Hershey y lo habilitó con la tecnología de punta existente en la época y con comodidades muy norteamericanas para sus obreros: viviendas decorosas, agua corriente, luz eléctrica, calles pavimentadas, escuela y hospital.

Tuve la oportunidad de viajar, en una ocasión, desde el puerto de La Habana hasta el Central Hershey en el ferrocarril que él mandó construir para transportar el azúcar desde sus almacenes hasta los barcos surtos en puerto, y a su vez, facilitar a sus obreros y al público en general el movimiento por esta zona. Un recorrido de unas 40 millas por un territorio llano y sumamente bello. Resulta casi increíble que a despecho del tiempo transcurrido y los desastres políticos y económicos que ha sufrido el país, este ferrocarril continúe funcionando hoy en día, e incluso que siga teniendo su nombre original de «Ferrocarril de Hershey».

Pero... ¿de dónde viene el chocolate?

Cuando Cristóbal Colón arribó al Nuevo Mundo, en 1492, nadie en Europa, Asia o África conocía el chocolate y, por supuesto, él desconocía que uno de los aportes más conocidos y más perdurables de esas tierras que estaba comenzando a descubrir para el Viejo Mundo sería, precisamente, el cacao, o sea, el chocolate.

El cacao, planta y fruto del cual se extrae el chocolate, parece haberse originado en las cuencas de los ríos Orinoco y Amazonas hace, al menos, 3500 años. El chocolate como bebida, algo diferente a como acostumbramos consumirlo hoy, fue popularizado por los olmecas, una cultura mesoamericana de la que sabemos bastante poco y que reconocemos por sus enormes y pesadas esculturas de piedra en forma de rostros. Unos rostros con narices achatadas, obesos y mofletudos.

De los olmecas, el cacao pasó, parece que por contigüidad, a los mayas, que incluso tenían un dios para el fruto: Ek Chuah. Muchos años después, los aztecas lo elevaron a producto noble, bebida de emperadores y también a una categoría más prosaica, pero importante: lo convirtieron en dinero.

Nosotros consumimos el chocolate, que está formado por la pasta sólida y la manteca (grasa), mezclado con azúcar. Los aztecas, que no conocían el azúcar, lo tomaban mezclado con picante, convirtiéndolo así en una bebida energética, pero menos sabrosa. Así comenzaron a beberlo los europeos, que lo tenían por una sustancia estimulante y afrodisiaca, pero no como el alimento delicioso que es hoy.

No está claro quién fue el primero que lo mezcló con azúcar y lo preparó en la forma que se consume hoy día. Existen varias versiones, pero entre las más extendidas está la que se lo achacan (y agradecen) a las monjas de clausura del Convento de Guajaca, en México y/o al Monasterio de Piedra, en Zaragoza, España. Los jesuitas, una orden religiosa poderosa en aquellos tiempos, tuvo mucho que ver con la rápida extensión del empleo del chocolate en Europa y en la misma América. Los ingleses fueron los primeros, tan tarde como en el siglo XVII, en mezclar el chocolate con leche, pues hasta entonces se tomaba con agua.

Para ese tiempo, el chocolate, con agua o con leche, se consideraba, por casi todo el mundo, como una medicina, aunque ya los más golosos empezaban a considerarlo un producto *gourmet*. Estudios neurobiológicos muy recientes asocian el chocolate con algunos neurotransmisores cerebrales y le atribuyen efectos antidepresivos. O sea, que de cierta manera vuelve a ser una medicina.

La primera fábrica de chocolate norteamericana se fundó en 1755. Después, vino Hershey.

Los bombones los inventaron los italianos alrededor de 1830. La tableta de chocolate con leche sólida la inventó Daniel Peter, de ahí su nombre, en 1875. Kohler, Nestlé, Lindt, Tobler, Ferrero y muchos otros fueron mejorando las formas de presentación y desarrollando la industria chocolatera.

En 1912, la empresa norteamericana Nabisco sacó al mercado las galletitas Oreo. Los Snickers, tabletas de chocolate con almendras, los inventó Frank C. Mars en 1930. En 1941, Forrest Mars (hijo del creador de los Snickers) y Bruce Murrie introducen los M&M (Mars & Murrie), de los que se fabrican hoy 400,000,000 —sí, no leyó mal: cuatrocientos millones— al día.

Y ya basta por ahora. Hago un alto para tomarme un chocolate.

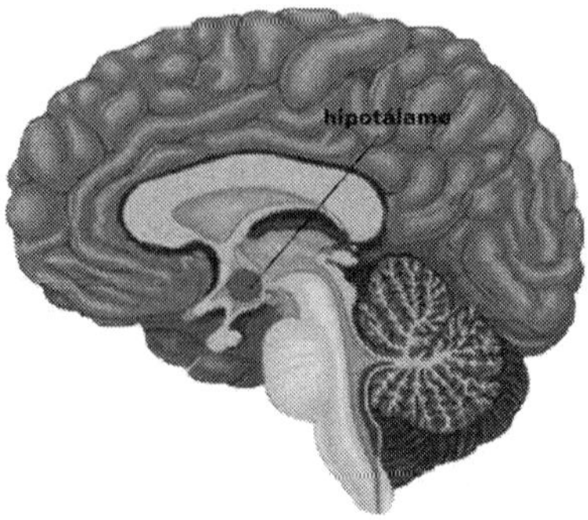

Hambre, apetito y saciedad

El hambre es la sensación, mediada por una pequeña zona del cerebro llamada hipotálamo, que ocurre cuando nuestro organismo necesita nutrientes y energía. Por tanto, nuestro organismo los «pide» utilizando esa sensación como señal de alarma.

Aunque parezca difícil de creer, no existe acuerdo entre los científicos en cuánto a esta definición que acabamos de dar.

Algunos especialistas plantean que más que nutrientes, el hambre señala la necesidad de tener algún volumen de comida en el estómago, y otros, los menos, señalan que el hambre solo se refiere a la falta de glucosa circulando en la sangre.

Las investigaciones más recientes han encontrado varias sustancias segregadas por el estómago y la vesícula biliar que, transportadas por la sangre, actúan sobre ciertas zonas del cerebro muy relacionadas con la sensación de hambre.

El apetito es un poco más fácil de definir que el hambre, pero también presenta sus dificultades.

Definimos el apetito como la capacidad mental de desear alimentos que nos son agradables. El apetito requiere que la persona esté saludable, que su sistema digestivo y su sistema nervioso se encuentren en buenas condiciones, e incluso tiene bastante que ver con la educación gastronómica y la cultura que se posean.

Cuando una persona está enferma de cuidado no suele tener apetito. Cuando un sujeto sufre una lesión cerebral de cierta magnitud —o en zonas específicas del encéfalo relacionadas— no tiene apetito. Cuando un sujeto cualquiera se encuentra en un medio adverso donde lo que existe para comer no sea conocido, sea temido o no sea de su agrado, tampoco tiene apetito, aunque pueda tener mucha hambre.

Un hipotético náufrago a la deriva solo tiene agua de mar para beber y quizás un pescado crudo o un ave para comer. Tiene un hambre atroz, pero no tiene nada de apetito.

Cuando el hambre aprieta se come cualquier cosa. Cuando tenemos apetito buscamos, o percibimos, la comida que nos gusta.

Cuando se está sano y no se siente hambre ni apetito decimos que el sujeto está saciado. Dicho de otra manera: la saciedad es una percepción de nuestro cerebro, también mediada por la zona neuronal del hipotálamo, que nos impide seguir deseando más comida.

Cuando popularmente decimos: ¡Estoy lleno! Lo que estamos diciendo en propiedad es «estoy saciado».

La saciedad también requiere de un tubo digestivo sano, un sistema nervioso íntegro y una buena salud. La falta de apetito que presenta una persona enferma o inconsciente no equivale a la saciedad.

El hambre, el apetito y la saciedad son sensaciones neurológicas fisiológicas que están aún sometidas a diversas y muy interesantes investigaciones científicas. Esas investigaciones pueden depararnos muchas sorpresas, sobre todo en el campo del control del sobrepeso y la obesidad.

¡Falta que hace!

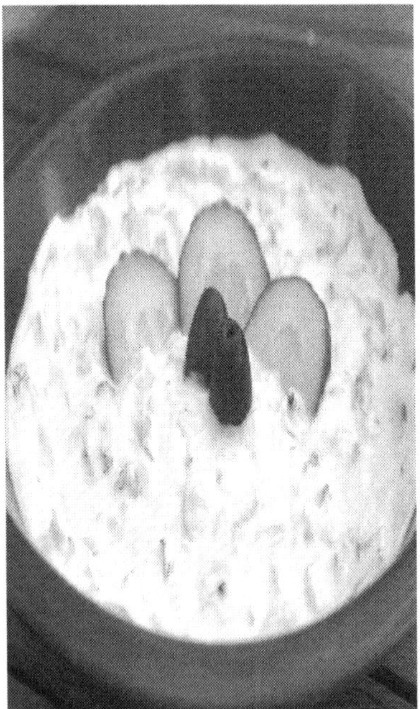

Capítulo 12

Un puente entre dos mundos: Bizancio

El 28 de mayo de 1453 amaneció, en Constantinopla, despejado y silencioso.

Por primera vez en meses no se oía el tronar constante de las enormes bombardas otomanas y no caían, despedazados, hombres en las murallas. El sultán Mehmed, posteriormente llamado El Conquistador, consultó una vez más a sus astrólogos y estos le confirmaron que el día siguiente sería nefasto para los cristianos. Sería su día, sultán, le dijeron.

Dentro del recinto de las murallas de Constantinopla, la bella, ahora casi en ruinas, el emperador Constantino XI Paleólogo, comprende perfectamente lo ominoso del extraño silencio del enemigo. Va a misa en la aún esplendorosa catedral de Santa Sofía, se hinca de rodillas y pide nuevamente a Dios que le dé fuerzas y valor para cumplir su palabra de morir sin dar un paso atrás y sin pedir clemencia. No pide más, pues Constantino es un hombre realista y resignado. Se levanta y con voz altiva ordena que todas las campanas de la ciudad repiquen constantemente, sin parar. Piensa Constantino que es mejor aturdir la mente con el clamor del bronce celeste, que cavilar silenciosamente en la tormenta que se aproxima inexorable. Cuenta lo que queda de su ejército, poco, pero fiel y bravo, les anima con el gesto guerrero y se va con los soldados y caballeros a los parapetos.

El resto del día y la larga noche pasan y pesan en

los corazones, pero nadie se acobarda o, por lo menos, nadie lo demuestra.

Una hora antes del amanecer del 29 de mayo, cuando la noche es más oscura, se desencadena el feroz ataque de los turcos. Oleada tras oleada de guerreros van estrellándose contra los fosos y murallas, pero el agotamiento de los defensores y el número infinito de atacantes termina por imponerse. Corren ríos de sangre.

Constantino cumple cabalmente su palabra, al sol del mediodía muere como un héroe, o quizás como un santo, o como un tonto, según el sultán Mehmed, ahora dueño y señor de la derruida ciudad, que le ofreció a Constantino riquezas y parabienes si entregaba la fortaleza sin combatir.

Constantinopla hinca la rodilla y se rinde. El mundo cristiano, que bien poco hizo por ayudarla a resistir, se horroriza. Pero es tarde para lamentarse.

No ha caído una ciudad o un emperador, ha caído, rodando por los suelos, un mundo. Se ha roto un puente entre naciones. Termina la Edad Media, ahogada en fuego y sangre, aunque nadie se dio cuenta de eso en aquel fatídico momento.

Los bizantinos eran griegos. Bizancio fue, mucho antes, la capital de Tracia, un territorio tradicionalmente griego, donde en tiempos muy antiguos se encontraba la mítica —y no tan mítica, que se han encontrado sus ruinas— Troya. Su historia está unida a los turbulentos siglos de las guerras del Peloponeso, las rivalidades entre los atenienses y los espartanos, las batallas contra Ciro, Darío y Artajerjes que preservaron la cultura helenística y el período macedonio, con el rey Filipo y luego su hijo, Alejandro el Grande a la cabeza. Con los siglos, Bizancio terminó convirtiéndose, por orden del emperador Vespasiano (9-79 NE), en parte de la Tracia romana.

En el 330 DNE, Constantino I el Grande cambió su nombre por Constantinopla y le dio categoría de sucursal —una floreciente y codiciada franquicia— del Imperio Romano en el oriente. Su ubicación a la entrada del Ponto (el Bósforo) la hace estratégicamente imprescindible como puente entre occidente y oriente. «Imperio Bizantino» es un término establecido por los historiadores renacentistas. Para los «bizantinos», ellos no eran más que los romanos del oriente.

El arte bizantino, fundamentalmente religioso, constituye una fusión del arte griego clásico con la iconografía cristiana primitiva. Lamentablemente, la preponderancia de los llamados «iconoclastas» durante un largo período de tiempo, limitó el desarrollo de la escultura y la pintura con formas humanas. La arquitectura es el gran arte bizantino. La escultura es muy pobre y la pintura, casi siempre de pequeño formato, está muy penetrada por la imaginería paleocristiana.

Los bizantinos establecieron una etiqueta muy propia para comer. Eliminaron la incómoda manera de recostarse para comer, propia de los romanos, y se sentaban para hacerlo. Se dice que inventaron el tenedor, pero el aserto no ha sido probado definitivamente. En buena medida, fueron los creadores de la que luego sería denominada dieta mediterránea o, por lo menos, aportaron mucho a ella.

Consumían grandes cantidades de yogur, preparaban ensaladas de verduras frescas sazonadas con aceite de oliva y vinagre. El *tzatziki*, por ejemplo, es una ensalada de pepinos cortados en dados, aliñados con aceite de oliva, ajo, eneldo, vinagre y yogur, mezclados hasta lograr una especie de pasta que se unta sobre el pan. El arroz pilaf, aromatizado con clavos, laurel, pasas, cardamomo, cebollas y almendras, típico de la cocina turca, es un aporte bizantino.

Los bizantinos se guiaban mucho en su gastronomía, y en su vida en general, por los principios de la medicina hipocrática —adaptarse en lo posible al medio ambiente, equilibrar la mente con el cuerpo, buscar en la naturaleza la salud, no hay enfermedades sino enfermos, todo con moderación y templanza, buscar la cura en el alimento y muchos otros— que eran útiles, sanos, y en cierto sentido, muy modernos.

Comían poca carne roja y no la veían como algo saludable. Consideraban que los alimentos debían ser frescos y cultivados cerca del lugar donde se ingerían. Mirándolos con los ojos de hoy, podemos decir que los bizantinos eran muy «orgánicos». Muy a la moda... actual.

Max Fleischer era, sin la menor duda, un genio de la animación.

En 1921, había creado, junto con su hermano Dave y un pequeño grupo de entusiastas dibujantes, los Fleischer Studios, que darían vida, en los siguientes diez años, a personajes tan carismáticos y famosos como Popeye el Marino, Bimbo y Superman.

En 1930, todos ellos demostraron su enorme talento con la creación de una figura que haría, y aun hace, historia: Betty Boop, la coqueta y esbelta muchacha que casi les cuesta el cierre del negocio por culpa del código Hays, que los censuraba y acusaba de «descaro sexual».

Pero con el correr del tiempo, los Fleischer no estuvieron, les faltaba capital a la altura económica de los grandes estudios cinematográficos y fueron barridos del mercado por la Paramount.

La Warner Brothers, feroz rival de la Paramount, contrató entonces a uno de aquellos hombres que había trabajado para Fleischer, Leon Schlesinger, un individuo dotado de una gran capacidad para la coordinación de equipos de trabajo. Así nació el *branch* creativo Looney Tunes, cuya apasionante historia está íntimamente ligada al crecimiento de Hollywood y la aparición del cine sonoro.

Del taller de Looney Tunes, una verdadera mina de oro, nos limitaremos a recordar uno de aquellos inolvidables personajes, nacido oficialmente de los pinceles de Friz Freleng, uno de los subordinados de Schlesinger, el 2 de marzo de 1935: Porky Pig, que era un cerdito gordo —no podía ser menos—, asexuado y tartamudo. Porky Pig comenzó siendo niño y después creció, incluso hasta llegar a tener una ambigua, y también asexuada, pareja, medio hermana y medio novia: la cerdita Petunia.

En una época sin muchos complejos sociales y donde la obesidad no se veía aun como un problema epidémico, y menos como una forma de minusvaloración infantil, Porky Pig fue un rotundo éxito comercial, alcanzando 152 cartones de corto y medio metraje, unos cuántos largometrajes, e incluso conquistando la televisión con un *show* propio, además de circular en todo el mundo en las páginas de los periódicos, *comics* y tebeos. Toda una sorprendente hazaña comercial.

Pero los tiempos, como las personas, cambian. En 1991, el cielo se oscureció para Porky Pig. El National Stuttering Project (NSP) de San Francisco demandó judicialmente a la productora Warner Brothers, apoyando a un hombre de New York, que en su niñez fue abusado cruelmente por sus compañeros de escuela debido a su tartamudez y obesidad.

Durante años, el sujeto soportó, eso dijo, que le gritaran «Porky Pig», donde quiera que fuera. El asunto se arregló fuera de corte con $12,000, pero ya nada volvería a ser como antes.

La obesidad infantil comenzó a ser vista como lo que es, una epidemia de carácter mundial que no hace más que crecer. Los amables gordos Jumbo, Piggy, Petunia, Winnie the Pooh, el oso Yogui, Barney y muchos otros, han comenzado a declinar, su edad de oro va quedando atrás y el futuro no es para ellos nada halagüeño.

En 2001, un equipo interdisciplinario de la compañía japonesa Nintendo, dirigido por Shigeru Miyamoto, pone a punto el primer sistema Wii, con la idea de que los niños interactúen con el equipo y se mantengan en movimiento. Cada año, el adminículo tecnológico se hace más complejo y eficaz. Los niños y los adultos también ahora pueden participar activamente y hacer ejercicios físicos y supuestos deportes, durante horas y horas, en un pequeño espacio frente al televisor.

Pero que exista el Wii y otros sistemas aún más modernos y desarrollados, no quiere decir que todos se muevan. La tecnología ayuda, pero también influye decisivamente en el sedentarismo.

El tiempo dirá.

De todas formas, cuán distantes y arcaicos nos parecen hoy el pobre y casi olvidado cerdito Porky Pig y su risueña y envuelta en carnes compañera Petunia.

FRIAR TUCK CARRYING ROBIN HOOD OVER THE WATER.

Capítulo 13

Monotonía, miseria y gula
La Edad Media

Un caballero medieval ha recibido, gracias a Dios, hospitalidad para comer y pasar la noche en un almenado castillo cerca de Avignon. Viaja por tierra desde Salerno —puerto ubicado en la península italiana— hacia su terruño, en la añorada región franca de Montpellier.

Han pasado varias semanas desde que desembarcara en el bullicioso y atestado muelle, desde una galera procedente de Tierra Santa, y muy pocas veces ha podido dormir bajo techo. Tampoco ha comido caliente en todo el trayecto, y aunque su armadura, su lanza y su escudo los carga el esmirriado escudero que le acompaña en un asno, que gracias al cielo pudo comprar a precio de oro, tiene sus músculos y coyunturas molidas.

Este castillo que le acoge y su amable castellano lo puso el buen Dios en el camino. El escudero, sus dos caballos y el pollino comerán y se cobijarán en los establos, calientes y secos, mientras que él, caballero que ostenta la Santa Cruz en el pecho de su túnica, será agasajado convenientemente por el propietario y sus criados.

Al atardecer, todos van al gran salón de piedra pelada de la fortaleza. El aire frío se cuela por todas las aberturas, pero algunos tablones y unas bastas pieles impiden que les dé directamente en la espalda a los comensales. Se calientan también con el chisporroteante fuego del hogar, atendido todo el tiempo por un muchacho. El humo les hace toser y les pica en los ojos, pero eso no se hace notar, pues siempre ha sido así y, además, es mucho mejor que quedarse a la intemperie.

El banquete comienza con vino tibio, un poco avinagrado, pero es cosecha de la casa y eso siempre se agradece. Después, traen un ciervo entero descabezado frente a ellos, que está fresco, pues fue cazado expresamente para agasajarle, y para colmo de satisfacción y gusto, lo aderezan con un poco de sal.

El pan es poco y duro, pero mojado en vino y chorreando grasa sabe a gloria.

Mientras se limpia las manos en el pelo de un mastín que yace amodorrado a sus pies, el caballero ve, un poco en penumbras y fugazmente, a la señora del castillo. Ella saluda ceremoniosamente desde lejos y se retira a la cocina. El caballero no ha podido precisar cómo es ella realmente, es más, no ha visto bien su rostro ni sus ojos, no sabe qué edad tiene o si es gruesa o delgada, o si está embarazada, lo que es muy frecuente en aquellos solitarios andurriales, pero nada de eso es importante. El corazón del caballero ha sufrido un vuelco y sus manos se llenan de sudor. Ya él la ama apasionadamente y su vida ha cambiado para siempre.

Pagará a un criado, con plata sarracena, para que robe a su señora un pedacito de tela que supuestamente hayan tocado sus manos, quizás un trapo sucio de las cocinas o una hilacha de sus enaguas, que de ahora en adelante permanecerá siempre anudado a su adarga. Nunca más volverá a verla ni a saber de ella. Esté viva o muerta, cosa que él jamás intentará averiguar, ella será su dama y su luz en esta tierra.

Al amanecer, rayando el alba, el caballero da las gracias con toda corrección al castellano que le despide, señor que tan hidalgamente le ha acogido y agasajado, y luego de aceptar un par de hogazas de pan viejo que guarda goloso el escudero en las alforjas, se lanza de nuevo al solitario y frío camino. Ahora es un hombre completo: ha peleado por el Santo Sepulcro, ha viajado, ha sufrido y tiene una doncella a quien dedicar sus victorias y por la cual morir, si es necesario. Nunca será carnalmente de él, para eso están las mancebas, pero estará siempre presente en sus relatos y canciones. ¡Ah, y debe inventarle un nombre acorde con sus dotes! O mejor, con las dotes que él presume que tiene.

Esta historia, para nosotros absurda, era común para el reducido número de nobles y señores feudales que hicieron y deshicieron durante la Edad Media. Siglos después, Miguel de Cervantes y Saavedra escribiría el libro más paradigmático de la lengua española: *El Ingenioso Hidalgo Don Quijote de la Mancha*, precisamente para ironizar y burlarse de lo que acabamos de describir.

Santa Catalina de Siena, una monja reclusa en un convento medieval, se flagelaba con una cadena de hierro para alejar pensamientos malignos. Entre esos «pensamientos malignos» se encontraban los relacionados con el deseo de comer. Y consecuente con sus flagelaciones, Santa Catalina vivió a pan y agua hasta el final de sus días.

El historiador Rudolph Bell llamó a esta conducta evidentemente masoquista: «La santa anorexia» (*Holy Anorexia*).

El pecado residía en el cuerpo de la mujer, fuente de todas las tentaciones, que debía ser martirizado para convertirlo en algo andrógino y poco o nada atrayente. Eso nos hace pensar que a los hombres medievales en realidad le gustaban las gordas. Juana de Arco, otra perenne ayunante, pasaba por hombre, o muchacho más bien, cuando vestía su armadura y cargaba su espadón, pero cuando no vestía los arreos militares tampoco brillaba por su feminidad.

San Agustín (354-430), muy al principio de la Edad

Media, había dejado claro que la belleza, en el cuerpo real o la obra de arte, se deriva de las ideas de Dios, lo que hace importante solo la belleza interior. Un Cristo es bello si las personas desean adorarlo al verlo en la iglesia. Es una argumentación falaz, pero muy en boga en aquellos difíciles tiempos.

En la otra cara de la moneda, el Fraile Tuck, obeso, fuerte y simpático, fiel compañero de aventuras de Robin Hood, es la imagen del rebelde que enfrenta al señor feudal, déspota y abusador. Y para zaherirlo y beneficiarse al mismo tiempo, el buen fraile caza y come hasta hartarse, los ciervos del bosque, propiedad absoluta del holgazán caballero. Un caballero que impide a sus súbditos y vasallos el acceso a una comida decente.

Una anécdota interesante y muy ilustrativa, históricamente bien documentada y a diferencia de las del Fraile Tuck, es la de Sancho I llamado el Craso (935-966), rey de León, en las fronteras españolas con Castilla y Navarra. Este joven, en lugar de dedicarse a la política y la guerra, labores propias de su estatus regio, pasaba el tiempo comiendo, llegando a convertirse en un verdadero tonel. Su obesidad, su mala figura, unida a cierta falta de inteligencia, según cuentan las crónicas de la época, alentó en varios caballeros el deseo de derrocarlo, lo que lograron en el año 958. Sancho buscó refugio en los dominios de la reina Toda de Navarra, que era su abuela.

Esta señora, la reina Toda, que deseaba recuperar sus prebendas en el reino de León, sometió al pobre Sancho a una dieta, una de las primeras de las que se tiene constancia, que incluía coserle la boca dejando solo un orificio para que pudiera aspirar líquidos; y administrarle siete veces al día agua con sal, toronjil, miel de enebro, diente de león y algunos cocimientos de verduras. Se le ató a la cama para masajearlo en profundidad y se sometió a sofocantes baños de vapor. El tratamiento, que estuvo varias veces a punto de matarlo, dio resultados satisfactorios en 40 días. Sancho, al que además se le obligaba a caminar atado con cuerdas, perdió 70 arrobas pamplonesas, que no sabemos a qué peso equivaldría, pero sí que era la mitad de su peso inicial. ¡Y eso tiene que haber sido mucho!

Con ayuda de los musulmanes, Sancho recuperó su trono en 960 y gobernó, cada vez con mayores desaciertos, hasta 966, cuando fue asesinado con una manzana envenenada. Un lindo final para un comelón empedernido.

Los libros de cocina: ¿Un invento medieval?

Si la obesidad y el mal gusto culinario llegaran a dominar por completo el mundo, los libros de cocina quedarían como los Manuscritos del Mar Muerto, en este caso, refugios arqueológicos de un pasado de sabor y buen gusto perdidos para siempre. Pero esperemos que eso no ocurra.

Las recetas de cocina, transmitidas oralmente, son prehistóricas y anteceden a la escritura por decenas de miles de años. Requirió tiempo juntar recetas de cocina y pasarlas a las siguientes generaciones, por lo menos hasta el advenimiento de la escritura.

No contamos con noticias confirmadas sobre libros de cocina griegos o romanos. Quizás no los inventaron, pero si tenemos en cuenta que esos dos pueblos crearon la filosofía, la historia, el teatro, la poesía, la retórica, la jurisprudencia y muchas cosas más, es riesgoso afirmar que no se ocuparon, de alguna manera, de la gastronomía.

Recordemos que Sócrates, antes de beber la cicuta, rememoró a sus alumnos que había que pagar un gallo que se debía a alguien. ¿Sería para cocinar una sopa?

El primer libro de cocina, del que se tienen noticias ciertas y bien documentadas, es el De re coquinaria, escrito por un tal Apicius, alrededor del año 400 DNE. Después, saltamos hasta el Liber de Coquina, en el siglo XIII, recopilado por autores franceses.

Y el primero del que hay ejemplares que pueden consultarse es The Forme of Cury, del maestro cocinero de Ricardo II de Inglaterra. Casi al mismo tiempo se dio a conocer —entre los nobles, claro— Le Viander, del maestro, no solo de cocina, sino también de buenas maneras, Guillaume Tirel, conocido también como Taillevent.

Para el siglo XVII, los libros de cocina proliferan como los hongos. The Closet of the Eminently Learned Sir Kenelme Digbie Knight Opened data de 1669 y en 1742, los norteamericanos (aún no lo eran, eran ingleses) se aparecen con The compleat housewife, escrito por Eliza Smith, quien es una de las primeras escritoras de este lado del Atlántico.

Contemporáneo de Napoleón Bonaparte fue Jean Anthelme Brillat-Savarin, médico, abogado y político francés, que habría de hacer época con su Fisiología del gusto, un libro confuso y enrevesado (citado por casi todo el mundo), que se salva por tres máximas que son tan válidas hoy como en su tiempo:

Los que comen pescado a menudo viven más

Las dietas con azúcar son dañinas

Dime que tú comes y te diré qué tú eres (sentencia que ha vuelto a hacer famosa el Chairman Kaga, en el programa de TV Iron Chef).

Después, vino Auguste Escoffier, con más de veinte libros escritos entre 1903 y 1934. Escoffier crea un estilo y una forma de hacer que se sigue hoy, casi al pie de la letra. Para esas fechas, los libros de cocina evolucionan y se vuelven literatura —y negocio— reconocida y respetada.

Describir con detalle los actuales libros de cocina es casi imposible: comida étnica, barata, vegetariana, rápida, de colores, artística, por artistas, gourmet, para triunfadores, para deprimidos, en broma, en serio, literaria (leer a Isabel Allende), de mariscos, de algas, religiosas, para atletas y así, miles y miles de libros y temas. Casi hasta el infinito

También hay curiosidades y recetas epatantes. Si lo duda, busque The Alice B. Toklas Cookbook, publicado en 1954 por la gran amiga de Ernest Hemingway y compañera sentimental de la novelista Gertrude Stein. En este librito —es relativamente pequeño—, con mucha seriedad se detalla el hashisch funge, un dulce aparentemente muy sabroso y compuesto por frutas de estación, nueces, especias y mariguana. Nota: se sirve caliente.

No caben dudas de que el concepto de belleza del Renacimiento se inspiraba en los cánones griegos y romanos clásicos, pero también significó un retorno al reconocimiento de la forma real de las personas y las cosas. Se podía pintar una modelo porque era bella, pero al mismo tiempo se le pintaba tal y como era en la vida real, y la vida real de aquella época no contemplaba las dietas extenuantes, la cirugía reconstructiva o el ejercicio en el gimnasio.

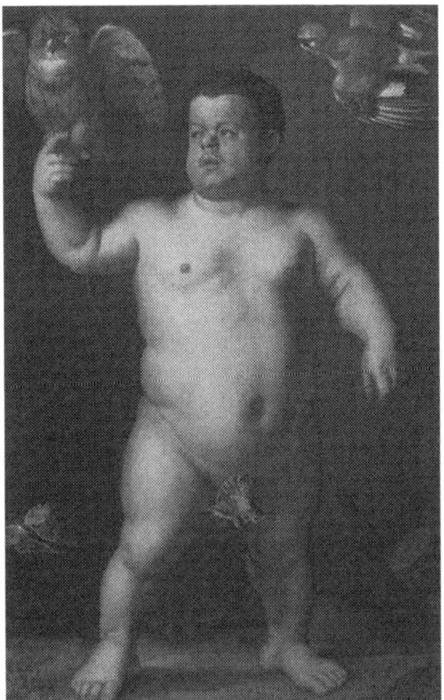

CAPÍTULO 14

VIVIR, CREAR Y COMER A PLENITUD
EL RENACIMIENTO

Si las señoras Isabella Brant y Helene Fourment, sobre todo la última, vivieran hoy en día, casi seguramente que serían un par de amables gorditas, muy simpáticas, con complejos y remordimientos ocultos a causa de sus abundantes carnes. Pero, por suerte para ellas y para el arte, vivieron en otra época y fueron los grandes amores de un caballero llamado Pedro Pablo Rubens.

Además de un genio de la pintura, Rubens era un verdadero cortesano, un viajero y diplomático consumado. Carecía de complejos (no tenía por qué tenerlos) y amó a sus gordas, tanto, que tuvo tres hijos con Isabella y cinco con Helene.

Pero con Helene fue mucho más lejos. Cuando se casó con ella, Rubens tenía 53 años de edad y ella era una niña, dieciséis. No obstante, la convirtió en una mujer de mundo, una madre prolífica y un ícono de la gran pintura barroca, para lo cual ella se prestó de buen grado y colaboró con muchos deseos y entusiasmo.

Entre 1630 y 1640, año en que muere el pintor a la edad de 63, Helene fue la deliciosa Venus de *The Feast of Venus*, que podemos admirar hoy en Viena. Fue también la rellenita belleza que el príncipe Paris debe gustosamente inspeccionar en *The Judgment of Paris* (Museo del Prado) y posó para una, o quizás más de una en *The Three Graces*, también en el Prado. Es la sensual Eva de *The Fall of Man* (el Prado) y, entre varios más, el famosísimo *Portrait of Helene Fourment*, conocido también como *Het Pelsken*, donde el pintor la desnudó completamente, aunque le permitió taparse malamente los senos con el brazo derecho y las posaderas con una piel peluda.

Este último cuadro mencionado, bello y algo morboso que el maestro guardó para sí durante largo tiempo (es obvio que no se había inventado aún el video), se puede disfrutar ahora en el Kunsthistorisches Museum de Viena. Cuando Rubens pintó esta maravilla, acababa de conocer a Helene y la pinta sin retoques ni intentos de minimizar su incipiente gordura. Le rinde homenaje a su gracia y belleza, evidentemente orgulloso de que sea su mujer, sin ocultar su cuerpo ni su nombre. Era, el maestro Rubens, un hombre libre, un gran artista y amaba a Helene. Una buena enseñanza para nosotros, ¿verdad?

Como a todo gran artista, a Rubens (en realidad un pintor de la escuela barroca) se le atribuyen muchas influencias en su forma de pintar, entre ellas, la escultura griega clásica y romana, y, más cercanos en el tiempo, los venecianos Giorgione, Tiziano Vecellio (otro sibarita amante de las formas femeninas rotundas), el Veronese y Tintoretto. Y por supuesto, los maestros Leonardo da Vinci, Rafael Sanzio y Miguel Ángel Buonarrotti. ¡Caramba, si todas las «malas» influencias fueran como esas! Y a estas influencias y algunas otras maneras de hacer y pensar se les conoció, posteriormente, como el Renacimiento.

El Renacimiento, o los Renacimientos, pues fueron procesos culturales, sociales y científicos que beneficiaron a los países europeos en diferentes espacios de tiempo y con características disímiles, no tienen un comienzo exacto, claramente definido en una fecha o un hecho histórico. Se trata de un reencuentro progresivo con la antigua cultura helenística, un crecimiento de la investigación científica y, sobre todo, de la técnica: navegación, astronomía, imprenta, anatomía, artillería, arquitectura, óptica, cartografía, y muchas más; una liberalización de las costumbres, un mayor acceso a la información, el descubrimiento de nuevos mundos y costumbres y un despertar casi explosivo del arte, sobre todo del pictórico y el escultórico.

La pintura adquirió profundidad y colorido. La belleza dejó de estar solo en función de la religión para adquirir valor por sí misma. La delgadez extrema siguió siendo sinónimo de sufrimiento y entrega a Dios, pero las figuras robustas, sobre todo las femeninas, simbolizarían la maternidad, incluso, la maternidad cristiana (las innumerables Vírgenes María que pueblan los museos y colecciones particulares de todo el mundo) y también el goce de la vida, los placeres de la mesa, el amor carnal y el erotismo pagano.

El paradigma del Renacimiento y del hombre renacentista es el italiano Leonardo da Vinci (1452-1519), aunque Italia, como la conocemos hoy, aún no existía como tal. Hijo bastardo, nació en la Toscana, uno de los parajes más bellos de la península italiana. A los 24 años de edad es detenido y llevado a juicio por tener una relación homosexual con un muchacho de 17, cargo que se desestima, probablemente por gestiones de su padre, pero que tiene muchos visos de ser cierto. A los treinta entra como ingeniero y pintor al servicio de Ludovico Sforza y su fama comienza a expandirse: estudios anatómicos, armamentos, fortificaciones, trabajos hidráulicos, aparatos voladores, cañones y lanzadores de piedras, fuegos artificiales, decorados, observaciones sobre el movimiento animal y humano, y un sinnúmero más de obras por las que se interesaba durante un tiempo y después, muchas veces, dejaba a medias.

Su famoso dibujo del *Hombre Universal*, conocido también como *El Hombre de Vitrubio*, es un clásico de las medidas humanas armónicas y perfectas y una muestra clarísima de que la belleza está en el término medio.

Leonardo fue un hombre brillante y algo extraño, probablemente lastrado por su desagradable experiencia juvenil, lo que le llevó a ser muy distante y cuidadoso con sus relaciones personales, pero que nunca perdió el donaire y la cortesía.

En 1516, se fue a Francia como pintor oficial de Francisco I, pero ya estaba enfermo —tuvo un accidente vascular cerebral que le dejó una parálisis del lado derecho del cuerpo, que no lo limitaba completamente para su trabajo, pues era zurdo, pero le afectaba física y psicológicamente— y murió, en paz y reposadamente, según cuentan, en 1519.

No caben dudas de que el concepto de belleza del Renacimiento se inspiraba en los cánones griegos y romanos clásicos, pero también significó un retorno al reconocimiento de la forma real de las personas y las cosas. Se podía pintar una modelo porque era bella, pero al mismo tiempo se le pintaba tal y como era en la vida real, y la vida real de aquella época no contemplaba las dietas extenuantes, la cirugía reconstructiva o el ejercicio en el gimnasio. Es más, la buena comida, las deformaciones físicas y la maternidad eran parte muy importante de la vida y no se rechazaban o escondían.

Una muestra de la expresión real de la vida en la pintura es el retrato del obeso rey inglés Enrique VIII, realizado por Hans Holbein el Joven. Este rey, tan conocido por sus famosas seis mujeres, terminó su vida prematuramente debido a sus orgías y francachelas (hay otras explicaciones médicas más complejas, pero no vienen al caso aquí), de las cuales la sífilis fue un subproducto.

El enano Morgante, obeso y deforme, fue el modelo de la fuente de los jardines de Bóboli, en el palacio Pitti, en Florencia. Esta escultura, una fuente en realidad, ejecutada por Valerio Cioli Seltigmano , le dio cierta fama al enano y se le volvió a llamar para modelar esculturas, también famosas, de Susini y Giambologna.

Otro aspecto, uno más, de que el Renacimiento significó un cambio sustancial y positivo, fue el gastronómico. El fasto y la puesta en escena de los banquetes renacentistas, tan alejados de la grisura y grosería de los medievales, se acompañó de una evolución en la preparación de nuevos alimentos, de su calidad y frescura, de la presentación de los platos, el ornamento de los mismos y un rechazo visceral a la monotonía y el aburrimiento. El propio Leonardo da Vinci fue un especialista en estos menesteres.

El comportamiento en la mesa también comenzó a valorarse, haciendo de la distinción y las buenas maneras parte de la cultura y la nobleza. Fue, en cierta medida, la época del nacimiento de la educación formal.

Quedaba mucho por aprender, pero sin la menor duda, estaban en el camino.

Giuseppe Arcimboldi y las pirámides alimentarias

Algunos críticos modernos han llegado a insinuar que Arcimboldi estaba loco, aunque emplean la palabra «perturbado», que es menos áspera. La mayoría de los conocedores de arte siempre lo han visto como una personalidad curiosa y un pintor de segunda línea, para nada comparable con las grandes figuras del Renacimiento.

Giuseppe arcimboldi (o Arcimboldo) nació en Milán, al norte de Italia, en 1527. Hijo de pintor, y pintor él mismo durante toda su vida, anduvo por muchos años de ciudad en ciudad: Monza, Como, Cremona, Florencia, Roma, Viena y Praga, donde trabajó para la corte de los Habsburgo por unos veinte años. Muy enfermo y prematuramente viejo, regresó a morir a su ciudad natal, Milán, en 1593.

Durante su larga estancia en la hermosa ciudad de Praga, trabajó para tres reyes: los emperadores de la casa de Habsburgo: Maximiliano II y Rodolfo II y el príncipe Augusto de Sajonia, que lo contrató en Viena y lo llevó a su corte alrededor de 1570. Para los praguenses, Arcimboldi era una especie de Leonardo da Vinci, quizás a menor escala, pero propio.

Diseñaba fachadas, estancias, muebles, vidrieras, tapices, manteles, máscaras, coreografías y ropajes para fiestas y celebraciones. Era un magnífico lutier y aún se conservan los dibujos de algunos instrumentos musicales que inventó. También ejecutó algunos interesantes trabajos de ingeniería, sobre todo en la esfera hidráulica, pero nunca pasaron de ser meras curiosidades sin utilidad precisa.

No obstante, su función era pintar y como era usual en aquella época, se desenvolvió en dos campos principales, el del arte religioso y el retrato. En el primer acápite, su obra es bastante mediocre y casi ha caído en el olvido, pero en el segundo ha pasado, con razón, a la historia del arte, donde cada día es más apreciado.

Acerquémonos un poco a estos extraños cuadros.

Se trata de cabezas y rostros, algunos de personajes históricos específicos como el emperador Rodolfo II, su mecenas, en traje de *Vertumnus* (el dios romano de la vegetación) y un bibliotecario conocido de la corte o un leguleyo amigo del pintor (el abogado); imágenes dentro de imágenes, que cambian de acuerdo a la posición en que se mire el cuadro; o representaciones de las estaciones del año y elementos de la naturaleza adoptando formas inequívocamente humanas: primavera, verano, otoño e invierno, y agua, tierra, aire y fuego.

Pero lo fascinante de todas estas obras, y otras pintadas por él, es la feliz utilización de flores, hierbas y otros elementos de la naturaleza para dar forma a las figuras, pero sobre todo de un amplísimo surtido de vegetales comestibles, viandas, verduras, frutas, cereales, peces y en algunas ocasiones, otras carnes blancas, sobre todo de aves, que estarían presentes en lugar destacado en cualquiera de las pirámides alimentarias tan en boga en nuestros días.

Todos esos melocotones y manzanas, fresas, calabazas, uvas, espárragos frescos, pepinos, pimientos, arándanos y cereales diversos, hojas de lechuga y coles, ajos y cebollas, lenguados y sardinas, harían las delicias del mejor de los nutricionistas y la salud de muchos que hoy pagan el precio de sus excesos de comida rápida y sodas enlatadas.

Quizás Arcimboldi no fue un genio excelso de la pintura, pero sin dejar de pintar con una gran calidad artística, sí constituyó un adelantado de la lucha contra la obesidad. Sigamos sus consejos tan coloridamente administrados.

La miel de abeja se conoce y se emplea como endulzante, medicamento y en forma de bebida fermentada (el hidromiel de los romanos) desde hace milenios. En las cuevas de Bicorp, en Valencia, hay una pintura rupestre que representa a un hombre extrayendo miel de una colmena mientras las abejas parecen atacarlo.

juicy fruit
the original
l'originale

WRIGLEY'S
5 STICKS
JUICY FRUIT
CHEWING GUM
ONLY 25¢

Capítulo 15

Azúcar y esclavitud

La caña de azúcar, sabemos hoy, es originaria del norte de la India, relativamente cerca del Himalaya y de la China meridional. Se conoce desde hace miles de años, pero en Europa no se tenían noticias de su existencia hasta que Alejandro el Grande invadió Persia.

Los persas la describían «como una planta que produce miel sin intervención de las abejas», lo que parece ser una definición muy acertada y bastante poética.

Después de Alejandro, el cultivo de la caña se fue extendiendo poco a poco y su producto fundamental, el azúcar, fue convirtiéndose en una exquisitez para paladares que podían pagar su peso en oro.

Los árabes comerciaban con el azúcar y hay pruebas de que habían dispuesto, por lo menos, de una fábrica en el sur de la España mozárabe.

En 1498, en su tercer viaje desde España, Colón trajo al Nuevo Mundo —a Santo Domingo específicamente— muestras de la planta, la que se aclimató a la perfección y rápidamente se extendió a las otras islas del Caribe. Hernán Cortés la llevó a México durante la conquista de esta nación y otros conquistadores la introdujeron en el Perú. Pero su hábitat natural, medido por su productividad en azúcar, era el Caribe. Pero los españoles, una cultura autoritaria, detestaban trabajar la tierra, además que eran muy pocos en número en la zona, por lo que se hizo imperioso encontrar mano de obra, preferentemente barata, o aún mejor, gratuita.

Los indígenas no tenían la corpulencia y resistencia física que demandaba la durísima tarea de cortar la caña, acarrearla al trapiche y molerla. No obstante, los utilizaron, al principio de la conquista, como forzados, pero a fuerza de castigos, maltratos y hambre acabaron con ellos en muy poco tiempo. Las historias de los suicidios en masa de los indígenas caribeños, que preferían una muerte rápida al agotamiento infinito del trabajo esclavo, son verdaderamente espeluznantes. Y es aquí donde llegamos al punto de inflexión que dio pie a una lacra que habrían de padecer los africanos y las Américas por tres siglos: la esclavitud negra.

Se cuenta que el padre Las Casas, en su afán de proteger a los indígenas, abogó por el empleo de negros africanos para las labores del azúcar. Eso ocurrió, sin la menor duda, y ahí están las cartas de relación y los escritos del sacerdote para probarlo. Pero ante el declinar de la mano de obra indígena, la trata de negros se hubiera impuesto de todas maneras, por la sencilla razón de que existía desde hacía tiempo.

Veamos lo que nos dice al respecto el historiador Kenneth C. Davis :

> «Aunque todos los protagonistas se apresuraron a reclamar su papel en el descubrimiento de América, seguramente nadie quiso ser conocido por comenzar el tráfico de esclavos. La infortunada distinción probablemente le pertenece a Portugal, adonde diez esclavos negros fueron llevados desde África casi 50 años antes de que Colón realizara su primer viaje. Pero esto no quiere decir que los portugueses hubieran monopolizado esta actividad. Los españoles no tardaron en llevar esta mano de obra barata a tierras americanas. En 1562, el navegante inglés John Hawkins comenzó a comerciar con esclavos entre Guinea y las Indias Occidentales. Para 1600, los

> holandeses y franceses ya estaban dedicados también al 'tráfico de hombres' y en la época en la que llegaron los primeros veinte africanos a Jamestown a bordo de un barco holandés, un millón o más de esclavos negros ya vivían en las colonias españolas y portuguesas del Caribe y Sudamérica».

Debe hacerse notar que los esclavos negros no eran apresados en sus tierras originarias por los europeos, sino que estos los compraban a mercaderes árabes y a reyezuelos africanos, también negros, que vendían a sus enemigos y prisioneros de guerra —guerras que la mayoría de las veces se hacían precisamente para buscar esclavos— a cambio de dinero, armas, licores y otras chucherías.

Como es de suponer, los esclavos negros no se traían de África solamente para cosechar caña y extraer azúcar. Se empleaban en cuanta tarea despreciaban, pero necesitaban sus amos: el sur de los Estados Unidos basó toda su industria algodonera en la mano de obra esclava, la minería y los trabajos de construcción y pavimentación los utilizaron con asiduidad, e incluso las labores domésticas, por poner unos pocos ejemplos. Aunque lo cierto es que fue el negocio de la caña y el azúcar quienes hicieron crecer desmesuradamente la esclavitud negra en América.

Desde hacía siglos se conocía la posibilidad de extraer azúcar de otras plantas. Los egipcios conocían el azúcar de remolacha, pero solo como medicamento. Los alemanes intentaron obtener industrialmente sacarosa de esta planta, hacia 1800, pero los altos costos les hicieron desistir. Fueron los franceses, alrededor de 1811, los que encontraron formas rentables de producir azúcar utilizando la remolacha como materia prima y ya, de aquí en adelante, coexistieron las dos tecnologías, decantándose los países por una u otra, de acuerdo con intereses económicos, facilidades agrícolas o políticas subvencionarías.

La miel de abeja se conoce y se emplea como endulzante, medicamento y en forma de bebida fermentada (el hidromiel de los romanos) desde hace milenios. En las cuevas de Bicorp, en Valencia, hay una pintura rupestre que representa a un hombre extrayendo miel de una colmena mientras las abejas parecen atacarlo.

Los caramelos sólidos —antes se empleaban bolitas de miel con frutas, regaliz u otras sustancias— hechos con azúcar refinada (blanca) se comenzaron a fabricar industrialmente en 1820. Los chicles (goma de mascar) con azúcar los comenzó a fabricar William Wrigley, en la ciudad de Chicago, en 1892. Pero en 1893, el mismo Wrigley introdujo los que han sido más famosos y perdurables: Juicy Fruit Spearmint, Doublemint , con su etiqueta verde, comenzó a venderse en 1914. Se calcula que los norteamericanos consumen, en promedio, 190 chicles al año por persona.

En 1912, Clarence Crane, de Cleveland, comenzó a fabricar los Life Savers (salvavidas) con su agujerito en el medio. Un año después, le vendió la fábrica a Edward Noble por $2900, y este, magnífico vendedor, llevó los *salvavidas* a casi todo el mundo. Hoy en día es una empresa enorme que cotiza en bolsa.

Actualmente, denostada por muchos como la causante de la pandemia de obesidad —el sirope de maíz es otro de los acusados— el azúcar refinada va siendo relativamente relegada de la composición de muchos productos comerciales y la prensa informa a menudo de sus efectos colaterales negativos, pero su historia, de riquezas y tragedias inmensas, permanece entre nosotros. Probablemente por un buen tiempo.

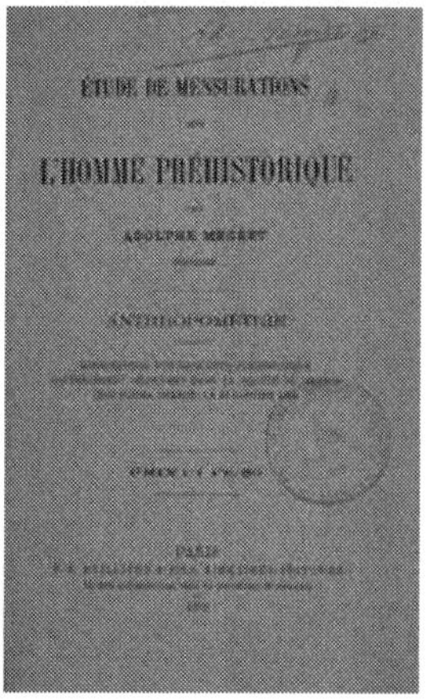
ÉTUDE DE MENSURATIONS
L'HOMME PRÉHISTORIQUE
ANTHROPOMÉTRIE
PARIS

El señor Quetelet

Al belga Adolphe Quetelet (1796-1874) le gustaban las estrellas y quería ser recordado por algún descubrimiento perdurable, por eso se hizo astrónomo. Pero para estudiar e investigar en astronomía necesitaba medir los espacios celestes y las enormes distancias estelares, así que mejor entonces que dedicar un buen tiempo a las matemáticas. Dicho y hecho, Quetelet se puso con ahínco a la tarea.

Estudiando matemáticas, Quetelet se dio cuenta que no todas las cosas podían medirse con exactitud. Algunas sí, como la distancia de la Tierra al Sol, pero otras no, como el número de soles en el cielo. Esa certeza lo llevó al estudio de una ciencia que él ayudó a que naciera: las estadísticas.

Y pensando sobre las estadísticas, Quetelet se fijó en que el hombre, los humanos, eran muy difíciles de encasillar en números exactos. ¿Cuánto vamos a vivir? ¿Qué estatura alcanzará mi hijo? En fin, había que ir a los promedios si deseábamos establecer algunas realidades.

Así nació, en 1870, *Anthropométrie ou Mesure des différentes facultés de l'homme* , un libro publicado en Bruselas y dedicado al estudio de las medidas de los hombres.

En este libro se presentaban innumerables estadísticas

relacionadas con el cuerpo humano y Quetelet pensó que la más importante consistía en su concepto del «hombre medio». Pero no, pérdida en las páginas del libro se hablaba de un índice que asociaba la talla de una persona en metros cuadrados con su peso en kilogramos. Acababa de ver la luz el famoso Índice de Quetelet, utilizado hoy en todas partes para definir la normalidad u obesidad de una persona.

Ninguna estrella o asteroide llevaría su nombre, pero millones de médicos, enfermeras, nutricionistas, entrenadores y otros profesionales acudirían a su Índice para clasificar a las personas, aún sin saber quién era el señor Quetelet.

LA OBESIDAD CAMBIA DE SIGNO

Capítulo 16

La Revolución Industrial

La Revolución Industrial también fue denominada por algunos sociólogos: la segunda ola de desarrollo humano. La primera fue la Revolución Neolítica.

Consistió la Revolución Industrial en un proceso —muy rápido, casi explosivo en algunos países— de evolución de la tecnología y simultáneamente de la economía, basada, hasta ese momento, en la agricultura y la artesanía. Esta brusca evolución industrial desplegó una economía de producción de artículos, cualesquiera que estos sean, por medios «industriales», o sea, mediante maquinarias, grandes fábricas y enjambres de obreros. Esto no quiere decir que desapareciera la agricultura, la ganadería y la artesanía, sino que el proceso de industrialización predominó y pasó a ser la fuente principal de ingresos del país favorecido —no todos los países participaron de la Revolución Industrial—, e incluso facilitó la industrialización de la propia agricultura y de muchas formas de artesanía.

La Revolución Industrial no fue un proceso homogéneo a escala mundial. Hubo países pioneros como Inglaterra, Bélgica y Alemania, y otros países llegaron con cierto retraso y después se colocaron a la cabeza, como los Estados Unidos. Lamentablemente, hay algunos países que ni tan siquiera han llegado a ella.

Como efectos colaterales de la Revolución Industrial crecieron muchas ciudades y disminuyó ostensiblemente la población rural; decayó, hasta casi desaparecer, el predominio de la realeza, la nobleza y otros grupos ociosos; surgió la «cultura del proletariado», que acapararía una élite de intelectuales —no precisamente proletarios— europeos, cuyas figuras descollantes fueron el gordo Carlos Marx y su seguidor y revisor Vladimir Lenin. Igualmente, surgieron también los «magnates industriales», hombres de empresa hechos a sí mismos como J.P. Morgan, Cornellius Vanderbilt, John D. Rockefeller, Carl Benz, Henry Ford y muchos otros, que levantarían conglomerados industriales enormes que, con el tiempo, pasarían, poco a poco, a manos de los accionistas.

Globalmente, la alimentación humana mejoró al comenzar a industrializarse la agricultura y la ganadería, lo que favoreció el aumento de la producción de carnes y cereales y su abaratamiento. Pero en la vida real, los desniveles nutricionales podían llegar a ser descomunales.

Un magnate podía comer en casa, junto a su familia y amigos, especialidades *gourmet* de una increíble sofisticación, mientras que los obreros de una fábrica cualquiera repetirían el mismo y rutinario menú, por llamarle de alguna forma, día tras día durante toda la vida. Revisando los periódicos de la época, sobre todo los ingleses, pueden verse las descripciones y caricaturas de obesos y petulantes magnates, de levita y chistera, junto a famélicos obreros de ropas raídas y huesos salientes.

Todo esto ocurrió y fue detestable, pero el balance final resultó positivo y la sociedad, en su conjunto, evolucionó hacia la mejoría, lo que constatamos obviamente hoy.

Siendo arquetípicos, los poderosos, los menos, seguían ostentando sus barrigas, y los pobres, los más, sus delgadeces. Habría que esperar siglo y medio para que este esquema se diera la vuelta. Pero ya la maquinaria estaba en marcha.

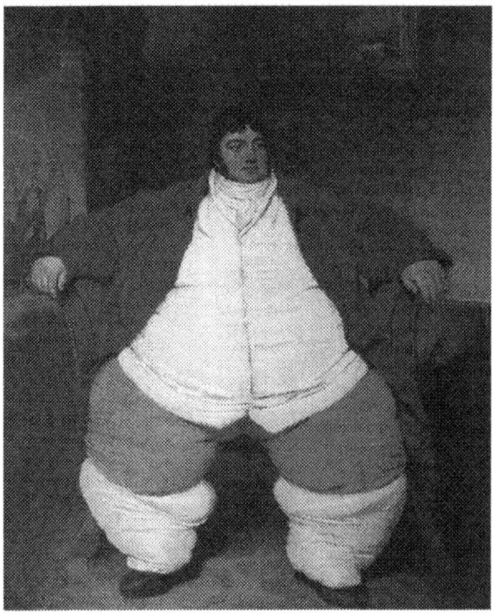

Un gordo afable: Daniel Lambert

Se discute mucho sobre la genética, la epigenética, los desarreglos hormonales, las cualidades del microbioma digestivo y otros factores fisiopatológicos en la obesidad. Además de señalarse, invariablemente, que la (mala) dieta y la falta de ejercicios, el sedentarismo, son las causas básicas de la obesidad. Pero aquí tenemos un caso, ampliamente publicitado en su tiempo, que parece probar que no todos los sobrepesos son por exceso de comida y falta de ejercicios.

En marzo de 1770, nació Daniel Lambert en una zona rural de Inglaterra. Pasó toda su niñez y adolescencia cazando, pescando, nadando en los ríos y montando a caballo. A los 21 años sustituyó a su padre como gendarme en la prisión local, pero a los 23, para asombro de él mismo y de toda su familia, ya sobrepasaba los 200 kilos de peso corporal, lo que le creaba dificultades, incluso para caminar. Daniel afirmaba, y parece haber habido suficientes testigos para corroborarlo, que comía poco y no bebía alcohol en absoluto.

A los 36 años de edad pesaba 317 kilogramos y seguía aumentando.

Lo curioso es que los presos, que el buen Lambert vigilaba, no querían que dejara la labor, pues su buen talante y su carácter servicial le hacían un carcelero muy querido por todos. Pero como la obesidad le impedía trabajar, tomó la decisión de ir a Londres y ganarse la vida como fenómeno de feria. Cuentan que las colas para verlo eran enormes, a pesar de que él cobraba un chelín por la entrada, una cantidad de cierta importancia en aquella época.

Su carácter y bonhomía nunca cambiaron. Conversaba con los que iban a verle y todos le respetaban. La prensa londinense, famosa por ser aguda y satírica, también le trataba con respeto.

El 21 de junio de 1809 Daniel murió mientras dormía. Hubo que tumbar la pared de su habitación para sacarlo a la calle y cargar el cadáver entre 20 hombres robustos. Su ataúd fue reforzado con láminas de hierro para que no se deshiciera.

Pero, sobre todo, y es lo más importante, sus exequias constituyeron una manifestación de verdadero dolor. Se había muerto un amigo de todos.

¿Y qué es un obesógeno? Pues una sustancia, un nutriente, una comida, un objeto, un hábito, una imposición social, una costumbre, una moda, una política, una tecnología, un adelanto cualquiera que promueve y conduce a la obesidad en el ser humano.

ORIGINAL 95¢
DR. PAUL R. EHRLICH
THE POPULATION BOMB
Revised & Expanded Edition
While you are reading these words four people, most of them children, will die of starvation—and twenty-four more babies will have been born.
By the co-author of "How To Be A Survivor"

Capítulo 17

Se despiertan los obesógenos

Para el hombre primitivo, hombre sin historia escrita, la grasa corporal y el sobrepeso u obesidad —dos elementos que para él no significaban nada— eran una bendición. Reserva de energías imprescindibles para la sobrevivencia y el enorme trabajo físico de lograrla, reservas para la caza, reservas para la maternidad y la crianza de neonatos indispensables para la manada primero y la tribu después.

La Revolución Neolítica, que trajo la incipiente agricultura, la domesticación de animales y el incremento de las reservas alimentarias, degradó el valor de la obesidad como necesidad biológica, pero lo incrementó, paradójicamente, como factor de poder y superioridad social. Ese fue el primer cambio de signo de la gordura en milenios y milenios de vida homínida sobre la tierra.

Antes del Neolítico, el hombre había vivido más de un millón de años (algunos científicos aseguran que bastante más) expandiéndose por las planicies africanas y penetrando después hacia Eurasia, América y el Pacífico. Entre la Revolución Neolítica y la Revolución Industrial pasaron unos 7000 años, pero de esta última a la Revolución Tecnológico Digital que estamos viviendo y que nos está cambiando para siempre, apenas han transcurrido dos siglos, y en ese brevísimo tiempo histórico, la obesidad, como tantas otras cosas ha cambiado de signo nuevamente, pero para mal.

Las causas de este vertiginoso cambio de signo del sobrepeso y la obesidad —directas e indirectas— se cuentan por millares. Parodiando la famosa frase de Winston Churchill pudiéramos decir que nunca tantas cosas nuevas se inventaron o se descubrieron, por tan pocos, en tan poco tiempo. No podemos, ni sabemos, mencionarlas todas, pero sí procede señalar y comentar algunos causantes, denominados obesógenos, que han jugado un papel preponderante en el desencadenamiento de lo que la Organización Mundial de la Salud ha dado en llamar globesidad, o sea, una epidemia, o pandemia, de exceso de peso corporal y obesidad global o planetaria.

¿Y qué es un obesógeno? Pues una sustancia, un nutriente, una comida, un objeto, un hábito, una imposición social, una costumbre, una moda, una política, una tecnología, un adelanto cualquiera que promueve y conduce a la obesidad en el ser humano.

A la suma de obesógenos que pueblan un entorno y que infieren, de una forma u otra, sobre los habitantes del lugar se le llama: ambiente obesogénico.

Pero lo más interesante de todo es que prácticamente ninguno de los obesógenos que vamos a mencionar se idearon o se implantaron en nuestra cultura y nuestras formas de convivencia pensando en engordar a alguien. Es más, la obesidad creciente ha sido una sorpresa para un mundo que creía, y aún cree, que está haciendo lo mejor para elevar los niveles de salud y bienestar de la población y, de hecho, lo ha logrado en otros aspectos. Solo en los últimos cuarenta o cincuenta años, un sector de la población ha tomado conciencia del fenómeno y ahora, de unos pocos años a esta parte, se comienzan a ver campañas y acciones de algún peso para enfrentar el problema

Contemos brevemente una historia.

Corría el año de 1968 y el mundo se debatía en conflictos y predicciones apocalípticas: la Guerra Fría entre las dos superpotencias, la Unión Soviética y los Estados

Unidos, con sus presagios de una confrontación nuclear definitiva; el conflicto de Vietnam devorando cada vez más recursos y vidas; el inicio de las protestas estudiantiles por la guerra de Vietnam; las revueltas del Mayo francés, que pusieron al gobierno del general De Gaulle al borde del colapso; la Primavera de Praga y su trágico final, aplastada bajo los tanques soviéticos; la tensión militar árabe-israelí a un año de la Guerra de los Seis Días; el crecimiento de la cultura *hippie* y de la droga; las guerrillas latinoamericanas apadrinadas por Cuba y su colofón en la muerte del guerrillero Che Guevara, en tierras bolivianas; los veranos calientes del movimiento norteamericano por los derechos civiles; y...

Para completar, ve la luz un libro del biólogo y entomólogo norteamericano Paul Ehrlich (Universidad de Stanford) titulado *The population bomb* (La bomba poblacional), donde se especulaba —basándose en documentos gubernamentales y de la FAO (Organización de las Naciones Unidas para la Alimentación y la Agricultura)— acerca de la certeza de que si no se tomaban medidas extremas, la humanidad se encaminaba hacia una hambruna masiva que mataría a cientos de millones de personas en los países más atrasados económicamente, generando, a su vez, más inestabilidades políticas, protestas masivas y, eventualmente, nuevas guerras.

Paul Ehrlich se basaba en el hecho de que la producción agrícola de alimentos crecía de una manera aritmética mientras que la población humana lo hacía de una forma geométrica (un retorno, más moderno e informado, a Thomas Malthus).

Desde el punto de vista matemático, el argumento de Ehrlich resultaba impecable y así lo reconocieron otros investigadores, pero... Mientras este escenario de calamidades ocupaba las primeras páginas de todos los periódicos y las ediciones de cabecera de los noticieros de televisión, un hombre de pocas palabras y con una sólida formación en biología y genética de las plantas, viajaba a la India y a Pakistán, procedente de México, donde había trabajado, enseñado y aprendido agricultura desde 1943, para asesorar a estos países en las técnicas agrícolas que habrían de ayudarles a enfrentar el problema y, de paso, cambiarían el mundo.

Norman Borlaug, que era su nombre, utilizando técnicas de ingeniería genética, fertilización química, regadío intensivo y eliminación de malezas, había logrado en el país azteca que tierras sembradas de trigo, que para 1950 producían 750 kilogramos del cereal por hectárea, produjeran en 1970 entre 3200 y 3300 kilogramos por hectárea. A eso se le llamó: la Revolución Verde, y le valió a Borlaug el Premio Nobel de la Paz.

Las predicciones de Ehrlich cayeron en el olvido, por lo menos de momento. Aquellas imágenes de niños africanos consumidos por el hambre, flacos hasta la caquexia, emaciados, barrigones por las parasitosis y a punto de morir, fueron atenuándose poco a poco después de la Revolución Verde. Indudablemente, Borlaug y sus seguidores habían salvado al planeta, pero al incrementar la Revolución Verde el consumo de cereales y sus derivados, todos elementos nutricionales de buena calidad, pero hipercalóricos, estaban ayudando, sin quererlo, a cambiar el signo de la hiponutrición.

Hiponutrición sin caquexia, incluso con sobrepeso u obesidad, pero hiponutrición, al fin y al cabo. Pues el aporte en vitaminas, minerales y aminoácidos esenciales de las dietas basadas en cereales no resulta suficiente si no se le añaden o se consumen otras fuentes de aporte nutricional.

Fue así, como haciendo el bien y salvando a la humanidad de una catástrofe —dice un antiguo adagio que ten mucho cuidado con lo que pides porque puede ser que se te conceda— se despertaron, como el genio de la lámpara, los obesógenos.

Bien y mal. Yin y yang

UN LUGAR DONDE COMER: LOS RESTAURANTES

Las posadas para viajeros, donde se podía comer de una olla común, beber vino de la casa y luego alimentar a los caballos y pasar la noche, se conocían, como mínimo, desde la Edad Media.

Los monasterios y las abadías también brindaban hospitalidad a los que no tenían más remedio que desplazarse de un lugar a otro en las épocas en que el turismo y los viajes de placer ni se soñaban. Lo habitual, hasta bien entrado el siglo XVII, es que los viajeros cargaran con sus alimentos y su vino en el morral.

El primer restaurante, con el concepto que entendemos hoy por tal, fue fundado por el parisiense A. Boulanger , en 1765. Su plato básico era la sopa, pero algunos días de la semana podía escogerse algún asado.

En 1782, Antoine Beauvilliers, que más adelante se haría famoso por su libro de recetas, fundó Le Grand Taverne de Londres, en París, donde estableció las normas que son comunes para nosotros: horario fijo de apertura y cierre del local, atención personalizada por un sirviente o el propio dueño, un menú con platos diarios y ciertas selecciones especiales (para clientes especiales), alguna privacidad y una cuenta al final.

El filósofo y escritor inglés Samuel Johnson se opuso rotundamente al concepto de comer en mesas individuales, modernísimo para el siglo XVIII, alegando: «que este modernismo infame acabará con la convivencia civilizada». Interesante observación, ¿verdad?

Para 1800 ya existían decenas de restaurantes en Londres y París. Los restaurantes eran lugares de encuentro y charla, además, claro está, del disfrute de la comida, para gente con recursos económicos. Pero muy pronto, los cocineros avispados se dieron cuenta de que servir comidas podía convertirse en una buena fuente de ingresos, si se incrementaba la clientela.

En el viejo oeste norteamericano surgieron los *chuckwagons*, que llevaban algunas comidas y bebidas a los ganaderos —los *cowboys*— que arreaban las grandes manadas por el descampado. El salón, tan típico de las películas del Oeste, tenía mucho más que ver con la prostitución y la venta de bebidas alcohólicas que con la alimentación.

Las primeras comidas en el aire se sirvieron en los dirigibles alemanes, pero la catástrofe del zepelín *Hindenburg* cortó de cuajo la costumbre. Por lo menos por un tiempo.

La enfermera Ellen Church fue la primera azafata en un vuelo comercial —15 de mayo de 1930— que ofreció un café y un sándwich a sus pasajeros. Pero la idea cayó en desuso hasta 1935, momento cuando la aerolínea United Airline introdujo el servicio de comida caliente a sus usuarios, costumbre que se ha mantenido, con sus altas y sus bajas —la comida de avión merece un capítulo aparte— hasta el día de hoy.

¿Y qué decir de nuestros días? Restaurantes étnicos, *pubs*, *carveries*, bistrós, *bouchons*, los *oyster bar*, *meaderys*, *juke joints* —con su fascinante historia del sur profundo norteamericano—, *greasy spoon*, restaurantes temáticos, *underground*, paladares cubanos, construidos con hielo, nudistas, lechoneras boricuas, paradores, flotantes y así, hasta llenar páginas y páginas.

Mejor pongamos a un lado esta recopilación y salgamos a comer. ¿No les parece?

Coke

White Castle
SYSTEM, INC.
PAY WHEN SERVED
PIE

Capítulo 18

Obesógenos que se ingieren

Si la obesidad se conforma con el depósito de grasa en unas células corporales denominadas adipocitos, que pueden crecer hasta muchas veces —alrededor de 100 veces— su tamaño original, gracias a la grasa en su interior, es razonable pensar que la consumición en exceso de grasas animales y vegetales sean la causa del sobrepeso. En realidad, no ocurre así exactamente.

La grasa retenida en los adipocitos no viene de fuera, la fábrica el organismo como reserva, sobre todo en el hígado, utilizando fundamentalmente los carbohidratos o azúcares (también emplea las proteínas y las grasas, pero con menor velocidad metabólica). Eso explica la importancia del exceso de calorías y de carbohidratos en la dieta, como fuente primaria de la obesidad. No obstante, debe quedar claro que otros factores juegan diferentes papeles en este complejo mecanismo.

Ya hemos hablado del azúcar, el arroz, el chocolate, el pan y otros nutrientes (pues son nutrientes, aunque en exceso hagan daño) directamente relacionados con la obesidad en el mundo de hoy. Como este libro no es un tratado de fisiopatología ni una revisión gastronómica exhaustiva, solo mencionaremos, de pasada, agentes como los dulces industriales (bollería industrial), los *TV dinners*, los alcoholes —algunos buenos en cantidades racionales, como el vino tinto o una onza de *whisky*, y otros no tanto—, las salsas, las pastas, las «papitas» y tantos y tantos otros productos de la industria de la gastronomía, que se han ido convirtiendo en las fuentes de nutrición —de «llenar el tanque» más bien— de una buena parte de la humanidad, sobre todo la más joven.

Revisaremos muy brevemente la historia de algunos de los más conocidos y atacados, aunque ese ataque, en una típica relación de amor-odio, no impide que se consuman cada vez más y más.

EL MAÍZ Y SUS DERIVADOS

Mientras se escribe este pequeño libro, en las llanuras centrales de los Estados Unidos se están produciendo, con métodos muy avanzados tecnológicamente, más de 300 millones de toneladas de maíz, una cifra que ninguna otra nación ha logrado alcanzar. Pero no siempre fue así.

El maíz, al igual que la papa (patata) y el cacao (chocolate), es oriundo de la América precolombina. Hay evidencias de que el maíz se cultivaba en Mesoamérica, específicamente en una zona de lo que hoy es Guatemala, hace unos 7000 años. Los mayas lo conocieron muy bien y lo utilizaron ampliamente, al extremo de que estas civilizaciones han sido denominadas «culturas del maíz».

Es curioso el hecho que, a causa de la manipulación agrícola de la gramínea, el maíz perdió la capacidad de autoreproducirse, un fenómeno genético bastante poco común. Es muy llamativo que hoy no contamos con ninguna especie de maíz silvestre o salvaje, lo que convierte a la planta en un «caso» cultural casi perfecto. Para hacer del maíz una planta aún más relevante, su genoma activo —unos 55,000 genes— es mayor, por casi el doble, que el genoma humano.

Muy pronto los colonizadores de las Américas llevaron el maíz a Europa, y muy pronto este se convirtió en un producto importante, indispensable más bien, para la alimentación humana y, sobre todo, para la nutrición animal. Los peregrinos y colonos de las trece colonias americanas cultivaban maíz, pero también lo recibían de Europa, lo que prueba su rápida extensión y su penetración en la cultura europea.

El cultivo «estrella» de la Revolución Industrial fue el maíz y esa centralidad se debió a su altísimo rendimiento. El excelente rendimiento del maíz le convirtió en la «comida del pobre» por excelencia, pero también siguió siendo un productor intermediario de producción de carne para el consumo humano, sobre todo de ave y cerdo.

Para 1947, casi todos los cinematógrafos de los Estados Unidos recibían una ganancia extra, relativamente baja, por la venta de palomitas de maíz. Hoy en día, casi toda la ganancia de las cadenas de cines viene de las palomitas de maíz y otras chucherías, como los refrescos y galletitas.

Pero vayamos un poco atrás. John H. Kellogg (1852-1943) fue un fiel seguidor de la señora Ellen G. Harmon (1827-1915), una de las fundadoras de la colonia de Adventistas del Séptimo Día, de Battle Creek, en el centro oeste de los Estados Unidos. Esta santa señora afirmaba que de joven tuvo una visión donde Dios le decía que el desayuno era sagrado y que el maíz, que había alimentado a los peregrinos, constituía su principal aporte. Dicho de otro modo: Dios diseñó el desayuno norteamericano.

Kellogg, que creía a pie juntillas en los sermones de la santa señora, logró que esta apadrinara su idea de procesar el maíz para hacerlo más apetecible y más manipulable. Así lo hizo la señora Harmon y toda su comunidad, dando inicio al procesamiento industrial de las hojuelas de maíz (*cornflakes*), uno de los negocios más típicamente norteamericanos y más productivos de la historia.

La relación de las hojuelas de maíz, e incluso de la dieta vegetariana —algunos consideran al ministro presbiteriano Sylvester Graham el creador, entre otras cosas, de estas dietas— con la religión es muy interesante y muy aleccionadora del comportamiento humano.

En la década de los setenta del siglo XX, los japoneses

inventaron el sirope de maíz, el villano entre los villanos, junto al azúcar refinada, de la epidemia de obesidad.

Hoy no se concibe la industria de la alimentación sin el sirope de maíz, uno de los productos obesogénicos más polifacéticos (y para algunos, dañino) de la gastronomía industrial. Un producto no natural que ha ido sustituyendo al azúcar en la composición de las sodas, muchas salsas, e incluso multitud de comidas sólidas en las que uno ni se imagina que pueda entrar un ingrediente como este.

LAS SODAS

Durante el siglo XIX, en el sur norteamericano, debido al calor, el trabajo agrícola y al bajo nivel económico de sus habitantes, lideraba, sin la menor duda, la producción y el consumo de aguas de soda.

Fue muy natural entonces que, en mayo de 1886, el boticario de Atlanta, John Stith Pemberton, se estuviera rompiendo la cabeza por encontrar una soda que fuera mejor que todas las demás: el tónico perfecto y el estimulante ideal.

Pemberton, que estaba bastante al día en la farmacología, conocía la hoja de coca y sus beneficiosos efectos como estimulante orgánico. El *French wine coca* fue su primer intento —y una copia al carbón del Vin Mariani, un vino fabricado por un italiano, que tenía coca y excelentes ventas—, pero se lo prohibieron, no por la coca, sino por el alcohol. Pero Pemberton, un luchador nato, no se amilanó. Mezcló hojas destiladas de coca, nueces maceradas de cola, azúcar y agua de soda. Ahora, le hacía falta un nombre.

Y el nombre vino en la voz de su amigo y contador Frank Robinson, que también le había prestado dinero en varias ocasiones. Ponerle Coca y Kola parecía obvio, pero Pemberton pensó que Kola con C quedaría mejor: Coca y Cola, y por qué no Coca–Cola. Cuando alguien tiene una idea muy buena suele decirse que inventó la Coca–Cola, pues bien, Pemberton (y Robinson) inventaron la Coca–Cola.

Pero el pobre Pemberton murió de cáncer de estómago un año después, no sin antes haber vendido la patente de la Coca–Cola —había tenido problemas legales con Robinson, lo que suele ocurrir cuando dos egos poderosos tienen ideas e intereses afines— a Asa Griggs Candler, otro comerciante de Atlanta, por $283.29.¡Este sí que inventó la Coca–Cola!

En 31 años justos, Candler sacó la Coca–Cola de las farmacias y la convirtió en una bebida nacional. La vendió a un grupo de banqueros, en 1919, por 25 millones de dólares, y fue el negocio más grande que se hizo en el sur de los Estados Unidos, desde antes de la Guerra Civil. El resto es historia.

Coke, como cotiza en bolsa, es una presencia constante en todo el mundo, e incluso en los trasbordadores espaciales. Y estará en Marte, no lo dude, cuando el hombre llegue a ese planeta.

Pepsi–Cola nació, alrededor de 1890, como la «bebida de Brad», por su creador, el boticario de Carolina del Norte, Caleb D. Bradham. En pocos años, atacando el lado hipocondríaco que tantas personas tienen, le cambió el nombre a su compuesto alegando que era bueno para la dispepsia: Pepsi... Cola.

En 1950, Alfred Nu Steele, que, por cierto, fue por un tiempo marido de la actriz Joan Crawford, sacó a Pepsi–Cola de la bancarrota y la elevó, casi en solitario, a rozar el nivel de ventas y de fama de la Coca–Cola. Con el tiempo, al igual que Coke, Pepsico, que así pasó a llamarse la compañía pública que cotiza en bolsa, desarrolló un inventario de productos que van desde el agua embotellada —uno de los negocios más increíblemente rentable de los últimos tiempos— hasta otras sodas, bebidas energéticas (cafeína en altas dosis y sirope de maíz en latas), té, zumos de frutas y otros. Dr Pepper, que no tiene cola, nació en 1885. 7Up se creó en pleno *crash* de 1929, por Charles Leiper Grigg, y usa el 7 por sus siete componentes. Y así sigue la historia, casi infinita, de las sodas azucaradas.

Hoy se fabrican y venden miles de esas sodas. Cada país suele tener una o varias que le representan, pero ninguna, de Asia a la Patagonia, ha podido superar el éxito rotundo, tanto económico como de imagen, de la soda de Pemberton: la Coca-Cola.

¡Ah, por cierto!, uno de los problemas a resolver en el Monte Everest son los basureros de latas de Coca-Cola y otras sodas que yacen en sus faldas, recuerdo ingrato de tantos ascensos logrados y no logrados.

HAMBURGUESAS Y SEMEJANTES

Entre los años 1200 y 1300 de NE, los feroces jinetes mongoles, que al galope tendido asolaban las llanuras asiáticas y penetraban atrevidamente en los reinos de Europa Oriental, se alimentaban, sin bajarse del caballo, de una carne cruda y picada en tiras a la que los europeos denominaron «carne tártara».

Esta carne se «aplatanó» en las zonas del mar Báltico (Finlandia, Estonia, Letonia, Lituania y el norte de Alemania), donde le añadieron, para adaptarla al paladar más suave de sus nuevos comensales: especias, sal y cebolla. En el puerto báltico de Hamburgo, el mayor y más importante de Alemania, fue surgiendo un gusto especial, y popular, por esta carne, pero ahora molida y mezclada con huevos y cebollas muy picadas.

A finales del siglo XVIII y principios del XIX, muchos alemanes emigraron en busca de trabajo hacia los Estados Unidos, comenzando su travesía en el puerto de Hamburgo. Así llegó la carne «al estilo de Hamburgo» a la pujante nación americana.

El nuevo sabor siguió dos caminos bastante bien diferenciados, uno refinado y aceptado en restaurantes de lujo, como el Delmonico's, en el New York de 1834, y otro popular y que consumían, en grandes cantidades, los marineros del puerto de la Gran Manzana y los inmigrantes alemanes del valle del río Ohio. Pero faltaba algo. Faltaba el pan.

La mitología americana cuenta (y los mitos siempre tienen algo de verdad) que un muchacho de quince años de edad, Charlie Nagreen, que trabajaba de vendedor de comidas en la feria estatal de Wisconsin, puso la carne «al estilo de Hamburgo» entre dos panes para que sus clientes no se mancharan las manos y la ropa con la salsa. Como el invento pegó, le puso el nombre de hamburguesa. Se cuentan otras historias diferentes, pero esta es la que más nos ha gustado y, además, tiene nombre propio.

Sea como sea, para 1904, las hamburguesas ya estaban de moda en muchos lugares de los Estados Unidos, incluso avanzando hacia la costa del Pacífico. En 1921, ya existía una cadena de hamburguesas nombrada White Castle, fundada por Walter Anderson . En 1930, había unas 150 hamburueserías en diez estados.

Más tarde, en 1937, dos hermanos, Richard y Maurice McDonald, aprovechando el auge popular del automóvil y abrieron un restaurante *drive-in* en Arcadia, California . En ese restaurante de carretera vendían sándwiches, *hot dogs*, hamburguesas y batidos. Les fue bien económicamente, pero notaron algo extraño: ellos esperaban que los perros calientes fueran el plato más solicitado, pero no fue así, fueron las hamburguesas, con un 90% de ventaja. Entonces, tomaron una decisión arriesgada: eliminaron el *drive-in* y establecieron lo que ellos denominaron un *self-service.* Los clientes se servían su propia hamburguesa, pedían su batido, pagaban, comían y botaban los restos en el contenedor de basuras. La primera semana fue un caos, pero ellos perseveraron y todo comenzó a ir mejor. Para 1951 estaban vendiendo más de un millón de hamburguesas al año.

Después, en 1954 un vendedor de equipos de cocina, llamado Raymond «Ray» Kroc (1902-1984), recibe un pedido inusual desde un pequeño restaurante de nombre McDonald's: 8 batidoras eléctricas. El olfato comercial de Ray lo lleva a servir el pedido personalmente para observar lo que estaba pasando allí. Fue amor a primera vista. Entonces, Kroc, que era un tipo arriesgado, les pide que le permitan abrir un restaurante con el mismo nombre, en otro lugar lejos de aquel. Ellos aceptan. El resto es historia de la grande.

Kroc abre su primer restaurante McDonald's en Des Plaines, Illinois, en 1955, y gana $366.12 el primer día. En 1959 arriba a los doscientos restaurantes especializados en hamburguesas, todos en el territorio de los Estados Unidos, y en 1961 comienza su ofensiva para conquistar el mundo.

A principios del siglo XXI, Thomas Friedman expone su «Ley de los Arcos Dorados» donde concluye que no existen dos países que tengan filiales de McDonald's que se hayan declarado la guerra entre sí. Dejamos el análisis de ese aserto a su discreción.

Otras historias parecidas en el mundo del *fast food* son James McLamore y David Edgerton quienes fundan Burger King, en Florida, en 1954. Harland Sanders, de 65 años de edad y en bancarrota, utilizó sus $105 del seguro social para promocionar franquicias de su receta de pollo y así nació Kentucky Fried Chicken (KFC), en 1939. Glen Bell abrió su primer Taco Bell en Downey, California, en 1962. Wendy's nació de la mano de Dave Thomas, en Ohio, en 1969. Igualmente, Subway nació en 1965 y Quiznos en 1981.

¿Qué viene?

PIZZAS

Los historiadores buscan antecedentes a todo. La *pizza*, una de las comidas más populares del mundo moderno, los tiene por montones. Que si el pan quemado por casualidad hace miles de años, que si la harina puesta sobre las piedras calientes, en fin. Lo que sabemos con seguridad es bastante más reciente. La *focaccia*, un círculo aplanado de pan magro cubierto de hierbas aromáticas, se consumía comúnmente en la Edad Media (y se sigue consumiendo hoy), sobre todo en el sur de la península italiana, y todo parece indicar que fue la *focaccia* la que evolucionó hasta convertirse en *pizza*.

Pero antes de que la *focaccia* se convirtiera en *pizza* hacía falta un ingrediente: el tomate. Y el tomate vino de América, pocos años después de su descubrimiento. Aunque al principio le tenían miedo —decían que solo servía como afrodisiaco o incluso, que podía envenenar la sangre de una persona— y solo lo empleaban como adorno.

La *pizza* era italiana, pero la mejor *pizza* se hacía en Nápoles, donde se vendía por las calles y plazas, horneada al momento, como debe ser, por cocineros ambulantes que empleaban hornillos portátiles. En 1830, abrió sus puertas Antica Pizzeria Port'Alba, la primera verdadera pizzería que registra la historia y que aún existe todavía.

La gran emigración italiana del siglo XIX hacia América ya estaba en marcha y en 1905, el señor Gennaro Lombardi abrió la primera pizzería en la Pequeña Italia, en New York. Después vinieron Boston, Chicago y el mundo.

Sbarro abrió en 1956, Pizza Hut en Kansas, en 1958; Domino's Pizza nació en 1960; Papa John's la fundó un estudiante, repartidor de pizzas para otra compañía, en 1980; Telepizza fue creada por un cubano en España, en 1987 Y podríamos seguir y seguir.

LA COMIDA BASURA Y LA CALORÍA VACÍA

El *trash food*, comida chatarra, comida rápida, *junk food* o comida basura no es más que un concepto gastronómico y sociológico, pero un concepto avalado por la práctica diaria y la observación de un fenómeno que, a fuerza de ser cada vez más y más común, llega a pasar por «normal» o aceptado socialmente.

Si una hamburguesa o una *pizza* estuvieran hechas con ingredientes verdaderos, de primera calidad, de obtención reciente, o sea, frescos, conteniendo todos los aminoácidos y proteínas de la carne, las grasas necesarias, las vitaminas del tomate y los minerales, como el calcio del queso, no serían comida basura. Independientemente de que tengan muchas calorías o que se consuman en grandes cantidades. En todo caso, discutiríamos las cantidades a ingerir y no su composición.

Pero el problema es que, para atender la inmensa demanda actual de estos productos, sus ingredientes se han ido degradando, desvirtuando, congelando, mezclando, almacenando, contaminando, al extremo de ser considerados por algunos gastrónomos como OCNI (objetos comestibles no identificados). Difícil tarea, imposible a veces, es averiguar la procedencia y fecha de los ingredientes de muchos de estos productos comerciales que llenan nuestras ciudades.

Si a esto añadimos que entre sus componentes se encuentran grasas altamente saturadas (las *trans fat* han sido prohibidas en diferentes países o ciudades), enormes cantidades de sal, y colorantes y espesantes, el daño orgánico que su consumo repetido puede ocasionar (hipertensión arterial, obstrucciones vasculares, diabetes *mellitus*, algunas neoplasias) va mucho más allá de la obesidad.

La comida basura, como concepto, está imbricada con serios problemas sociales y culturales de la vida urbana actual: incremento de la llamada «comida vagabunda», pérdida de la comensalidad familiar, abuso de la comensalidad social, disfuncionalidad familiar, falta de tiempo libre, pérdida (extrema monotonía) del gusto, sobre todo en los niños y adolescentes, adicción, encarecimiento de la comida de calidad, y un muy largo etcétera.

Si miramos las estadísticas internacionales de sobrepeso, obesidad y diabetes *mellitus* tipo II, inmediatamente resalta la relación entre la extensión y crecimiento del consumo mundial de este tipo de comidas y el salto exponencial, en los últimos treinta o cuarenta años, de estas condiciones patofisiológicas.

¿Y qué es la caloría vacía? Pues no es más que la definición de un producto comestible o bebestible que aporta calorías al organismo humano sin aportar ningún tipo de nutrientes.

El agua pura no tiene nutrientes (en realidad tiene algunas sales minerales necesarias, pero en muy poca cantidad), pero tampoco aporta calorías, y eso es lo que la hace sana. Las sodas, por el contrario, si aportan grandes cantidades de calorías procedentes del azúcar o del sirope de maíz, y ningún nutriente verdadero. Por tanto, las sodas son ejemplos clásicos de portadores de calorías vacías.

Si añadimos a esto las grandes cantidades de sodas que consumen nuestras poblaciones, sobre todo los niños, veremos nuevamente la estrecha relación entre obesidad y consumo de portadores de calorías vacías.

Resumiendo: las sodas no son más que agua, la parte buena, cargada de calorías vacías aportadas por el azúcar refino y el sirope de maíz.

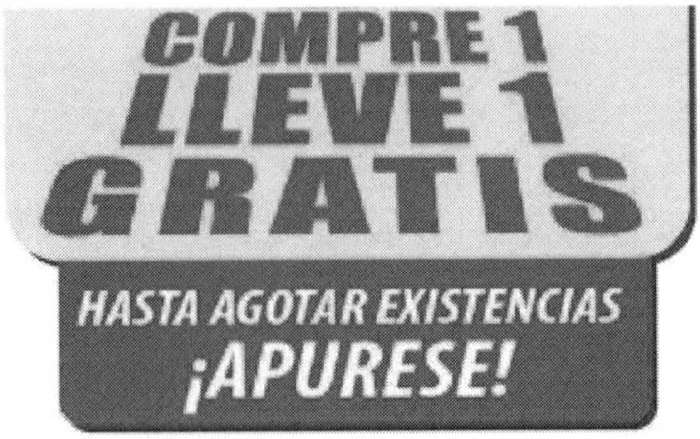

Gastronomía y gastroanomía. Una nota al margen

En 1940, hacer la factura casera diaria o semanal era muy fácil. La elección de cada tipo de alimento se reducía a tres o cuatro opciones y en algunos casos, ni eso. Un paquete de mantequilla no era más que un paquete de mantequilla y ese era el que se compraba invariablemente y se consumía en el hogar con gusto.

Hoy ya no es así. En cualquier supermercado, el cliente se encuentra con treinta o cuarenta marcas, presentaciones y empaquetados diferentes casi para cada producto. Un paquete de mantequilla puede ser orgánico, coloreado, sin color, desgrasado, salado, sin sal, *kosher*, natural, de cabra u otro mamífero, de soya, vegetariano, *gourmet*, caro, barato, y así casi hasta el infinito.

Y lo mismo cabe decir para casi todos los productos que consumen los habitantes de los países más desarrollados y muchos de los que quieren llegar a serlo.

Antes, las personas se guiaban por los recursos económicos disponibles, las costumbres familiares, las tradiciones y los hábitos de su grupo humano y social. La elección alimentaria, casi siempre, estaba hecha de antemano sin necesidad de un particular trabajo intelectual y de decisión, pero todo esto ha cambiado con la transición alimentaria, la competencia extrema y la comercialización industrial de los alimentos.

La evolución social ha cambiado los patrones culturales y sociales del individuo.

Ya la familia, el entorno laboral y social, las costumbres, la información y muchos otros aspectos han desvirtuado completamente las viejas tradiciones y costumbres, pero, sobre todo, el campo de posibilidades de elección se ha abierto como un inmenso abanico.

El individuo ahora tiene que escoger, está obligado a escoger, gústele o no, y esa escogencia constante deriva, muchas veces, en lo que el sociólogo Émile Durkheim denominó: anomía.

La anomía no es más que un estado de renuncia, de «desfallecimiento» volitivo ante semejante compulsión, que por demás es constante y permanente. El individuo comienza a delegar su elección en la moda, la propaganda de los medios, la opinión ajena, el bombardeo comercial, las «rebajas», el etiquetado, los consejos de los nutriólogos y de los especialistas, lo que le dicen... En fin, cede su criterio ante el criterio cambiante y voluble de la masa.

Es increíble el estrés que puede generar en una persona la «libertad» de elección alimentaria que ahora aparenta poseer. Nunca el hombre ha sido más libre de escoger, de seleccionar, de decidir y nunca ha estado más atado a escogencias, decisiones y opiniones ajenas a su propia voluntad.

Es a este estado, creciente y cada vez más intrincado en el orden social actual, al que se ha denominado, como contraposición entre la gastronomía tradicional y el caos decisional: gastroanomía.

Compre uno y lleve otro gratis. ¡Sí, pues llevo ese!

Capítulo 19

Obesógenos que no se ingieren

Se ha dicho, hasta la saciedad, que la obesidad tiene dos causas:

- La hipernutrición calórica (los obesógenos ingeridos que ya hemos mencionado con alguna extensión en un capítulo anterior).
- El denominado sedentarismo (ausencia de movimientos musculares más o menos vigorosos, que generen un gasto calórico capaz de equilibrar la ingesta de calorías).

El sedentarismo casi nunca es un hecho aislado. Ocurre en un entorno que «impide» a la persona moverse o minimiza el movimiento, y ese entorno está conformado por los obesógenos que no se ingieren, o, dicho de otra forma: el entorno obesogénico.

A medida que la tecnología se desarrolla y crece, que la vida urbana se convierte en la norma y que la vida rural se urbaniza, el entorno obesogénico va limitando a las personas, sobre todo a los habitantes de los países más desarrollados, en su actividad física, al tiempo que promueve, directa e indirectamente, la nutrición hipercalórica.

Desde un punto de vista estrictamente científico, en la obesidad juegan factores —genéticos, fisiológicos, endocrinológicos, psicológicos y neurológicos— que van más allá de la nutrición hipercalórica y el sedentarismo, pero son estos dos últimos, convirtiéndose en parte indisoluble de la vida moderna, los que han gatillado el desarrollo de la pandemia mundial de sobrepeso y obesidad: la ya mencionada globesidad.

Los obesógenos no ingeribles son miles, o quizás decenas de miles. Cualquier objeto, producto o artilugio que haga la vida más fácil y, por tanto, nos lleve a disminuir la actividad muscular, es un obesógeno en potencia. Un elevador promueve el no uso de las escaleras; una grúa minimiza el trabajo físico de levantar pesos; el Metro elimina el transporte a caballo; las tuberías y los motores de agua hacen innecesario acarrearla, y así hasta el infinito.

Claro que nada de esto es malo en sí mismo, si el hombre se hace consciente de la necesidad de moverse, de realizar ejercicio físico, de combatir el sedentarismo. Pero la realidad es que la comodidad ablanda y lo que antes se hacía como hábito, ahora requiere el esfuerzo de la voluntad, esfuerzo que, a veces, debido a la vida en sociedad y a la socialización, se hace casi imposible.

Revisemos brevemente, y solo como referencia anecdótica, algunos de los más comunes y más conocidos obesógenos que no se ingieren.

LOS AUTOMÓVILES

Carromatos, cuadrigas, calesas, coches, berlinas, carretas, volantas, diligencias y todo tipo de carros tirados por caballos u otra fuerza animal o esclava se utilizaron desde el principio de los tiempos. En el siglo XVIII, dos artefactos reclaman haber sido los primeros «automóviles»: el triciclo de Cugnot (1769 con una caldera de vapor al frente que impedía la vista; y el triciclo de Murdock (1784), con su chimenea detrás. Ambos no pasaron de ser curiosidades.

La idea de construir un vehículo autopropulsado continuó durante todo el siglo XIX, se probaron motores eléctricos, de gas y de petróleo, e incluso John Boyd Dunlop ideó sus primeras ruedas con zunchos de goma. Pero el primer artilugio verdaderamente eficaz lo hizo Edward Butler en 1884. El carro murió casi al nacer por la oposición de las autoridades inglesas a que se desplazara a más de 4 millas por hora.

Los alemanes fueron, al fin, los que se llevaron el gato al agua. Gottlieb Daimler perfeccionó el cilindro y el émbolo de la caldera de vapor y construyó la primera motocicleta; y Karl Benz trabajó con la gasolina (un subproducto del petróleo sin uso práctico en aquel tiempo) como combustible, lo que le permitió construir el primer automóvil entre 1885 y 1886. Inmediatamente después, como ocurre cuando se abre una puerta a lo desconocido, aparecieron el enfriado por agua (radiador), el embrague, el diferencial, la doble rueda delantera, el techo, y todo lo demás.

Poco tuvieron que decir los norteamericanos en estos primeros tiempos hasta... que un señor llamado Henry Ford (1863-1947), ingeniero de la empresa eléctrica de Thomas Edison, se empeñó en construirse un automóvil, lográndolo en 1896. Ford comenzó copiando a los franceses y alemanes, pero como buen norteamericano, vislumbró aspectos que nadie había tomado en cuenta. Hasta ese momento, los automóviles eran juguetes para personas adineradas, que se hacían de uno en uno y con diferencias entre uno y otro. Ford se dio cuenta de que el gran negocio estaba en que cada familia tuviera su propio auto y eso requería un cambio de mentalidad, más el desarrollo de una tecnología para abaratar los costos de producción. Como dato curioso, fue Edison quien lo convenció para que utilizara motores de gasolina y no eléctricos. ¿Quién sabe lo que hubiera sucedido si Ford no le hubiera hecho caso a Edison?

En 1903, Henry Ford fundó, con $28,000 y de los

cuales solo el 25% eran de él, The Ford Motor Company. En 1908 sacó al mercado el modelo T. En 1910 colocó el motor en la parte delantera del vehículo y en 1913 patentó el sistema intercambiable o de piezas de repuesto y la cadena de montaje, su enorme y más conocido aporte a la industria, y no solo a la del automóvil. Para 1926 se habían vendido, a precios más que razonables, quince millones de Ford.

Henry Ford modificó —después de crear, mediante el sistema de franquicias, la venta masiva de piezas y combustible— la imagen y la forma de vida de los Estados Unidos. Es cierto que no inventó el automóvil, pero hizo mucho más que eso: creó, con su visión de industrial y comerciante, un mundo que ya no tiene marcha atrás.

Lo que viene después, es pura anécdota.

LA OFICINA

Un escriba egipcio, taimado y manipulador, como lo describen casi siempre las películas de Hollywood, era un oficinista. Puede algún magnate o estadista de hoy en día jactarse de tener un secretario como el que se gastaba Alejandro de Macedonia: nada más y nada menos que el señor Aristóteles. Roma creó la palabra *officium* y además, inventó la burocracia, formada, en muchas ocasiones, por esclavos griegos.

La Edad Media nos trajo a los copistas, hombres —casi siempre monjes— de una paciencia y asiduidad sin parangón, a los que debemos, entre otras cosas, el conocimiento de los grandes poetas y filósofos griegos. Pero fue el sistema colonial y la Revolución Industrial la que permitió el desarrollo de la oficina, más o menos como la conocemos hoy en día.

El aporte de la oficina moderna al sedentarismo y a la alimentación social, condicionada, es mucho más grande de lo que cualquiera se imagina a primera vista. Cubículos minúsculos, sillas giratorias, intercomunicadores, computadoras, fotocopiadoras, todo conspira para que la persona no se mueva y esté, distraídamente, consumiendo calorías todo el día.

¡Ah, y llega a ella y se marcha usando los elevadores!

LA TELEVISIÓN Y SUS ENTORNOS

Algunos periodistas socarrones han comparado a la televisión con Dios, que está también en todas partes, pero tiene un poco menos de poder que esta.

La historia de este invento es larga y complicada, en parte porque no se le puede atribuir a una sola persona o institución. Desde Michael Faraday y Joseph Henry en el primer tercio del siglo XIX, pasando por Giovanni Caselli, Willoughby Smith y Joseph May , George R. Carey, Eugen Goldstein (el de los rayos catódicos), Thomas Edison, Nikola Tesla y Graham Bell, hasta llegar a Paul Nipkow, Ferdinand Braun, el ruso Constantin Perskyi (el primero que utiliza la palabra televisión), John Logie Baird y Philo T. Farnsworth, el ingenioso californiano que la hace operativa, la televisión es producto de las mentes y la inteligencia de centenares de personas.

El 7 de septiembre de 1927, el presidente de los Estados Unidos, Herbert Hoover, entonces secretario de Comercio, inaugura oficialmente la televisión. En 1953, la NBC pone en el aire la televisión a color y en 1975, comienzan las transmisiones por satélite (SATCOM). Un rápido avance para un sistema tecnológico que ha dominado completamente al planeta.

En 1955, la compañía Zenith introduce el mando a distancia (aún era un equipo defectuoso y poco práctico) y comienza así el camino hacia la inmovilidad más absoluta posible. El sillón reclinable, los *TV dinners* (*tividines*), las pantallas planas e inmensas, el sonido estereofónico, los canales de cable y satélite, los canales de cocina, Netflix, los chefs especializados en televisión, las series. En fin, el entorno obesógeno de la televisión.

REFRIGERADORES Y COCINAS

Cocinar los alimentos fue una actividad repetitiva y aburrida durante milenios.

De quemar un pedazo de carne directamente sobre el fuego a la acción inteligente de introducirlo en un recipiente con agua y darle calor, es probable que hayan pasado miles de años.

No existen pruebas arqueológicas definitivas de que las casas de las primeras civilizaciones tuvieran cocinas como tal, a excepción de los grandes palacios. Los habitantes cocinaban en plazas o lugares abiertos de los pueblos. En Grecia se cocinaba al aire libre y mientras se cocinaba se conversaba y discutía. En Roma, los ciudadanos de mejor posición económica ya tenían cocinas en sus casas, pero los pobres lo hacían en cocinas comunales.

La Edad Media trajo dos adelantos importantes, la chimenea para permitir el escape del humo y las cazuelas de hierro para cocer los alimentos. Da Vinci, que hizo de todo, también trabajó en un sistema para impulsar el humo hacia arriba, eliminando así el escozor en los ojos y la garganta, que había perseguido al hombre por milenios.

La licuadora o batidora se patentó en 1922 por Stephen Poplawski, pero quien la hizo conocida fue Fred Waring, quien se hizo rico con ella. El horno de microondas fue descubierto, casualmente, por el ingeniero Percy Spencer mientras trataba de mejorar los primitivos radares de la Segunda Guerra Mundial.

Los chinos, que siempre nos sorprenden, desarrollaron formas de conservar el hielo, utilizando depósitos de madera forrada y dobles cajas, hace unos 3000 años. Sin embargo, el primer refrigerador, propiamente dicho, lo inventa el ingeniero alemán Carl von Linde, en 1876, partiendo de una técnica que había diseñado unos pocos años antes para la fábrica de cerveza irlandesa Guinness.

Alfred Mellowes fabrica, en 1916, una hielera totalmente metálica y de cierre hermético, que resulta ser, más o menos, nuestro refrigerador actual. Pero después de pedir dinero prestado y confrontar diversos problemas, Mellowes vende su patente a la General Motors (sí, la misma de los automóviles), que crea la compañía Frigidaire. Después, General Electric entra en el negocio y, como siempre, el resto es historia.

Es así, como sin querer, el hombre va creando las técnicas y mecanismos para hacer la vida más agradable y placentera, pero también para alejarnos de la comida fresca y natural.

SUPERMERCADOS

Fue el empresario norteamericano Clarence Saunders, mientras investigaba la forma de incrementar la productividad de sus empleados en una tienda de alimentos al por menor, quien ideó empaquetar la comida y ponerla al alcance de sus clientes en un espacio mayor. Con el tiempo, Saunders reconoció que lo hizo para disminuir la plantilla, siendo un buen ejemplo de un logro loable hecho con malas intenciones.

El 16 de septiembre de 1916 inauguró el primer supermercado Piggly Wiggly en Memphis, Tennessee y

Saunders le puso ese extraño nombre en la creencia, muy fundada, de que la gente entraría a ver que había dentro. Un mes después de la inauguración patentó la palabra *supermarket*.

Hubo otros intentos exitosos, pero fue después de la Segunda Guerra Mundial que viene una explosión en el crecimiento de los supermercados. Grandes compañías comienzan a invertir en ellos y comienzan también a expandirse a México, Canadá y Europa.

En los años cincuenta, Sam Walton retoma el viejo concepto de tienda de abarrotes (que vende de todo) y lo lleva a un nivel nunca antes pensado, creando Walmart, que hoy es la tienda de ventas al por menor más grande del mundo.

En 1938, Sylvan Nathan Goldman, asociado de Piggly Wiggly, notó que cuando los clientes ocupaban completamente sus brazos y sus manos con mercancías, paraban de comprar, un hecho que hoy nos parece del todo obvio, pero no lo era tanto en ese momento. Entonces, se asoció —algo había que hacer para aumentar las ventas— con un mecánico de nombre Fred Young y fabricaron un marco con ruedas de patines sobre el que pusieron una silla plegable y dos cestas. Acababa de nacer el carrito de supermercado.

En 1947, otro mecánico, Orla Watson, inventó el carrito telescópico (uno entra dentro del otro), configurando el típico supermercado tal y como lo conocemos.

EL MUNDO DIGITAL

Si este libro se hubiera escrito treinta años atrás, digamos que alrededor de 1985, la mención a las computadoras y los sistemas de cálculo hubiera sido poco menos que formal.

La banda ancha, internet, la World Wide Web (WWW),

las computadoras personales y las portátiles, las tabletas, los lectores electrónicos, los juegos de video, las redes sociales, las enciclopedias en línea, los motores de búsqueda, las agendas digitales, la comunicación *face to face* vía satélite, los teléfonos inteligentes, los sistemas geoposicionales (GPS) y tantos y tantos elementos que componen el mundo digital y que han hecho de nuestro mundo otro mundo, simplemente no los hubiéramos mencionado porque no existían.

Hacer la historia de esto, con sus encuentros y desencuentros, con sus saltos espectaculares y sus quiebras grandiosas, con sus figuras —Bill Gates, Tim Berners-Lee, Steve Jobs, Steve Wozniak, Paul Allen, Mark Zurckenberg, y decenas y decenas más—, requeriría, no ya este librito, sino varios tomos de generoso tamaño que, por demás, existen y se ponen viejos en días o semanas.

Nunca antes una generación, dos a lo sumo, había desarrollado una tecnología y una forma de comunicación con semejante penetración a todos los niveles de la sociedad. Una tecnología que modificara las costumbres y hasta la manera de vivir de prácticamente todo el mundo, incluso aquellos que se niegan a adaptarse al entorno digital. Por tanto, dejemos constancia de lo que ha significado la Revolución Digital para la humanidad y, como efecto colateral, para la obesidad.

Digamos que estos pocos párrafos son la expresión, invertida, de un fenómeno que ha superado a todos los otros, y que en el terreno del sobrepeso y la obesidad solo pudieran parangonarse a los efectos del automóvil, pero abarcando más espacio y más tiempo.

Si hemos dicho que un obesógeno no ingerible es aquel que, creando comodidad, disminuye la necesidad de trabajo muscular, entonces el complejo mundo digital es el rey de los obesógenos, a un nivel nunca antes soñado. Lo cierto es que todo eso llegó para quedarse y para desarrollarse a alturas que ni nos imaginamos, por tanto, aprendamos a vivir con ello y busquemos fórmulas, incluso, dentro del fenómeno en sí, para que nos ayuden a superar esta crisis de sobrepeso.

Quizás en algún algoritmo, que aún desconocemos, esté la solución.

UN PREMIO «GORDO»

Lucian Freud nació en Berlín en 1922, pero es inglés por nacionalización. Su padre Ernst, hijo del famosísimo psiquiatra y neurólogo Sigmund Freud, creador del psicoanálisis, decidió en 1933, cuando Lucian tenía solo 11 años, sacarlo de Alemania. Pensó que el arribo de Hitler al poder no depararía un buen futuro a los judíos, y así fue.

Ser pintor era el destino de Lucian y desde muy joven comenzó a estudiar y a prepararse con una gran disciplina y concentración, pero de forma un poco arcaica. Se matriculó en varias escuelas, pero su verdadera fuente creativa fue la calle y algunos pintores amigos de la denominada escuela de Londres: Raymond Mason, Michael Andrews, Francis Bacon (del que más se apropió), R.B. Kitaj y algunos otros.

Lucian escogió ser retratista en una época donde esa forma de hacer no estaba de moda, pero retratista de gente de verdad, no de personajes famosos o trabajos de encargo. Otro rasgo característico de Lucian es presentar al modelo, personas y animales, con su nombre propio y descarnadamente. En una ocasión dijo: «Yo pinto gente, no por lo que quisieran ser, sino por lo que son».

En el año 2001, rompió su regla de no pintar gente importante (lo ha hecho algunas otras veces) y retrató a la reina Isabel II de Inglaterra. El cuadro fue un escándalo, pues la reina aparece en él tal y como Lucian la vio: muy vieja, ajada e insignificante.

Lucian vende hoy sus cuadros en millones de dólares, pero su gran récord ocurrió en el 2008, cuando la casa Christie's subastó su pintura *Benefits Supervisor Sleeping* por 33.6 millones, la cifra más alta alcanzada —en ese momento— por un pintor vivo. ¿Y a quien retrató en esta tela? Pues a su amiga Sue Tilley, una supervisora de subsidios fiscales relativamente joven y de unos 200 kilos de peso. ¡Ah, y ella no ganó un centavo por posar… mientras dormía plácidamente en el sofá de Lucian! ¿No le habrá regalado luego una propina a la pobre Sue?

Desencadenar la obesidad y trabajar para erradicarla. Esa es la paradoja americana.

CAPÍTULO 20

LA PARADOJA AMERICANA

¿Qué es la transición alimentaria? Se le ha llamado transición alimentaria al cambio de una nutrición con elementos naturales frescos, aunque no siempre necesariamente sanos, típica de la sociedad preindustrial, hacia una alimentación a base de productos preempacados, congelados y procesados, o de diseño genético y mantenimiento mediante antibióticos y otras sustancias, que se ha ido incrementando cada vez más después de la Revolución Industrial, hasta llegar casi a lo absoluto, por lo menos en Occidente, en el curso de los últimos cuarenta años.

Estados Unidos ha sido, sin lugar a dudas, el líder mundial de la transición alimentaria. Casi todos los inventos en materia de alimentos procesados o de diseño son típicamente norteamericanos, y lo mismo ocurre con los obesógenos no ingeribles.

Claro que esto puede explicar el incremento alarmante del sobrepeso y la obesidad en los Estados Unidos, fenómeno que ha ido en ascenso y de una forma imparable, desde la década del sesenta del siglo XX.

Lo interesante del caso es que Estados Unidos también ha liderado los avances en salud y medicina durante todo el siglo XX. Las universidades norteamericanas albergan una buena cantidad de los premios Nobel en fisiología y medicina, tanto nacidos en el país como extranjeros, y el gobierno norteamericano y las empresas de salud gastan, aproximadamente, un 16% del PIB del país en salud y tratamientos médicos, cifras que ninguna otra nación puede mostrar.

Los norteamericanos también marchan al frente en el consumo de dietas, alimentos orgánicos, nutrientes hipocalóricos, recetas «naturales», ventas de vitaminas y minerales concentrados, asociaciones a gimnasios, equipos caseros de ejercicios físicos y todo ese inmenso negocio de «mantenerse en forma», el *fitness*.

A esta incongruencia, que posiblemente tenga su explicación en el propio estilo de vida norteamericano, pero que, sin duda, necesita una comprensión más elaborada y científica, se le ha denominado: la paradoja americana.

Desencadenar la obesidad y trabajar para erradicarla. Esa es la paradoja americana.

NEOFOBIA Y NEOFILIA

Conozco a una persona que adora probar cosas nuevas, sobre todo en lo referente a comidas. Viaja mucho y ha comido de todo, tripas en Argentina y carne de búfalo de agua en África, platos coreanos en Brasil y un pabellón criollo, más o menos pasable, en una playa de Tailandia. Esta persona es un ejemplo de lo que los psicólogos denominan un neofílico, alguien que busca todo el tiempo nuevos sabores, olores, colores y texturas.

El que esto escribe es todo lo contrario, en gastronomía prefiero lo conocido, lo que ya me gusta y me ha gustado por décadas. En el hipotético caso de quedarme solo en una isla desierta podría transarme por arroz blanco, salchichas y tomates, por casi toda la vida, o por lo menos hasta que me rescaten. En fin, además de ser un desastre, soy lo que los especialistas llaman un neofóbico, o sea, una persona a la que no le gusta arriesgarse con lo nuevo o lo desconocido, en cuanto a sabores y preparaciones culinarias se refiere.

Ambas características son propias de los seres vivos y, casi con toda seguridad, como apuntan muchas investigaciones realizadas en los últimos veinte años por prestigiosas instituciones científicas de todo el mundo, están impresas en el código genético —el genoma— de las diferentes especies.

¿Por qué entonces predomina, para ciertos aspectos, una

u otra? Pues porque ambas son necesarias para el mantenimiento de la vida y, de hecho, ambas se manifiestan en todos los seres vivos en uno u otro momento de su desarrollo y evolución.

Un oso panda es completamente neofóbico en comida —nada más come bambú tierno—, pero resulta ser bastante neofílico en su relación con los humanos. Los girasoles son sumamente neofílicos al Sol y muy neofóbicos a la carencia de agua. Cristóbal Colón era un neofílico obsesionado con las especies, el oro y las islas Molucas, pero de alguna manera neofóbico en sus relaciones personales, aunque tenía que apañarse y recurrir a ellas para conseguir sus objetivos.

Aunque las fobias y las filias se pueden aplicar a casi todo, el tema que nos interesa aquí es el de la obesidad y, en este caso, la infantil y la neofobia, o rechazo a la incorporación de nuevos alimentos, juega un importante, aunque bastante inadvertido, papel en la pandemia de obesidad que una porción de los habitantes del planeta padecen.

Cuando el hombre no era más que un bípedo humanoide, los alimentos que podía encontrar recogiendo semillas, arrancando algún fruto o *carroñeando* los despojos que dejaban otras fieras más grandes que él, eran muy escasos y, en muchas ocasiones, sumamente peligrosos.

Un alimento desconocido puede ser un nutriente de sabor más o menos agradable, como una almendra o un pedazo de carne fresca, o, por el contrario, puede convertirse en un veneno letal, como una yuca amarga silvestre o la carne putrefacta y contaminada de un animal muerto cualquiera. Y es aquí donde la neofobia jugaba su papel.

Si por tanteo y error se probaba una comida que hacía daño y se sobrevivía a la experiencia de aquel sabor y de aquel olor, ya no se olvidaban los sobrevivientes nunca más. Con el tiempo y el paso de las generaciones se iba fijando el gusto por lo conocido y seguro, fortaleciéndose así la barrera de defensa ante lo desconocido y potencialmente peligroso, o sea, se iba estableciendo la neofobia alimentaria.

La neofilia también era —y es— importante y gracias a ella cocinamos hoy nuestras comidas y disfrutamos de la alta cocina francesa, pero esa es otra historia.

¿Y la obesidad actual? Pues la mayoría de los niños pequeños presentan algún grado de neofobia después de los dos años de edad, una neofobia que se traduce en el rechazo a incorporar a la dieta nuevos alimentos, sobre todo los pescados, los vegetales, las ensaladas y las frutas completas. Ese fenómeno que ya fue señalado por el psicólogo norteamericano William James, en el siglo XIX, y que hoy los pediatras denominan anorexia infantil.

Pero la neofobia alimentaria tiene, casi siempre, una excepción, que es el sabor dulce o más o menos dulce.

Si los padres, con la ayuda del pediatra, comprenden esta etapa del crecimiento de sus hijos y la manejan adecuadamente, la neofobia, en buena medida, quedará atrás, la nutrición será adecuada y la posibilidad de ser obeso en la vida adulta será menor. Pero si se toma el camino más fácil de repetir hasta el cansancio las mismas comidas que el niño ya conoce y acepta: pastas, *pizzas*, arroz, purés, jugos dulces, kétchup, lácteos edulcorados, galleticas, sodas, chucherías de todo tipo y un poco más adelante la comida rápida, ideal para que los padres salgan del paso, ya comenzamos a ver claramente la estrecha relación entre neofobia —mal manejada— y obesidad.

Para concluir, la neofobia existe y es un hecho, el secreto está en su manejo inteligente.

HEINZ
57
HEINZ
TOMATO
KETCHUP

Gallery
ATM

Capítulo 21

El ocaso de la comida étnica

Conversando un día con un buen amigo, este me refería su predilección por un plato típico de la gastronomía tailandesa, país al que conocía de primera mano, y terminaba diciéndome: «Pero el mejor que he comido, lo comí en un restaurante de Caracas. ¡Ese sí estaba divino!».

El norteamericano promedio le añade kétchup, pimienta molida y salsas picantes a una buena parte de sus comidas, con lo que el sabor original desaparece y se homogeniza. Muchos, incluyendo el autor, piensan que las mejores *pizzas* se comen en New York y Boston. El mejor chocolate del mundo no se elabora en México, patria del cacao, sino en Suiza y Bélgica. El batido de leche con chocolate, típico de Norteamérica, se consume ahora en el mundo entero gracias a McDonald's.

La dieta mediterránea, que tan bien describió Ancel Keys en los años 50, estaba matizada por las carencias de la postguerra europea. Las estadísticas actuales demuestran que los mediterráneos consumen mucha más carne de res, huevos, cerveza y helados que lo que se creía hasta ahora.

El restaurante especializado en sushi y sashimi más caro y sofisticado del planeta —Masa— no está ubicado en Tokyo, Kioto u Osaka, sino en la ciudad de New York.

La mayoría de los ayudantes de cocina de los grandes y famosos restaurantes de la costa este norteamericana, no importa el tipo y la etnia de la comida que sirvan, son inmigrantes centroamericanos. Todas las latas de refrescos, sodas y cervezas que se beben en el mundo son redondas, para que sea más fácil beber directamente de ellas, y todos los cartones de leche y zumos son cuadrados para que puedan ser almacenados con facilidad.

El sándwich cubano, un preparado en pan de flauta con lascas de jamón, queso, carne de cerdo cortada, pepinillos y mostaza, siempre tuvo un largo de unos 25 centímetros. Pues bien, al relacionarse la comunidad cubana exiliada en el sur de la Florida con el exagerado estilo gastronómico norteamericano, el sándwich cubano-miamense se dimensionó hasta aproximadamente un pie de largo y, con el tiempo y los viajes de estos cubanos a su patria, el de Cuba también comenzó a crecer desmesuradamente. Lo cierto es que el verdadero sándwich cubano es cosa del pasado.

Los relativamente nuevos conceptos de gastronomía deconstructiva y gastronomía molecular se extienden por el mundo, aplicando las ciencias puras: física, química y matemáticas a la vieja y sabia comida tradicional. Pero dejando fuera las ideas tradicionales y los platos de la abuela.

Todo lo anterior, una gota de agua en el océano de los ejemplos, ilustra un hecho, a nuestro criterio imparable, que está llevando la gastronomía por el mismo camino que la información, un grupo de «memes» sin historia dentro de la cada vez más pequeña aldea global.

La presión del turismo, del urbanismo, de los medios de comunicación, de los movimientos migratorios y la necesidad de adaptarse y sobrevivir en medios adversos, van configurando un tipo de gastronomía planetaria que se aleja, cada vez más, de las viejas tradiciones culinarias populares de cada país o región.

La identidad es el conjunto de elementos (lenguaje, hábitos, rituales) por medio de los cuales las personas se identifican. Ese conjunto no es estático, sino dinámico, sobre todo cuando hay una marcada movilidad social. Esta movilidad social lleva al multiculturalismo —el famoso *melting pot* norteamericano es un ejemplo típico— y este multiculturalismo se acentúa minuto a minuto a través de la denominada globalización.

Como es lógico, las comidas nacionales soportan una enorme tensión debido a la marcha imparable de la globalización. Por un lado, muchos países parecen reforzar sus identidades nacionales, la comida entre ellas, como un mecanismo de defensa frente al multiculturalismo absorbente, pero si nos fijamos con detenimiento veremos que este reforzamiento de la identidad conlleva toda una serie de «cesiones identitarias» que con el tiempo acaban desvirtuando la etnicidad original.

Se exporta la comida étnica para competir, pero se cede al formato de presentación para que se venda el producto. Se hacen cambios de ingredientes que puedan no ser del agrado de los otros, se comienza a fabricar el producto en otros lugares para abaratar costos, y así sucesivamente.

Pero lo contrario también es cierto.

El bombardeo de los medios —programas de cocina en televisión, revistas, libros de cocinas, «nuevas dietas» y demás— y, sobre todo, los intercambios humanos constantes, van cambiando las costumbres y las tradiciones, los gustos y las necesidades de toda la población, independientemente que algunas personas, sobre todo las de más edad, insistan en su defensa, creemos que pírrica, de lo tradicional.

El sociólogo Anthony Giddens dice que: «la memoria consiste en la organización social del pasado en relación con el presente ».

Y la globalización, a nuestro entender, no ha hecho más que acelerar ese proceso de «organización social del pasado».

Los que emigran, y hoy en día son muchos, se llevan sus costumbres, pero la presión del nuevo medio y la comparación, generalmente favorable al nuevo medio (por algo emigraron, ¿no?) van diluyendo o modificando esas costumbres, al tiempo que esos mismos emigrantes y sus descendientes van modificando, desde lejos, los hábitos y costumbres, a veces sutilmente y otras no tanto, de los que quedaron detrás.

Hace 100 años, las «zonas de contacto» de diferentes culturas no eran muchas. Pongamos como ejemplo de una típica zona de contacto a la ciudad de New York. Una ciudad poblada por irlandeses, judíos, alemanes, rusos, centroamericanos, puertorriqueños, centroeuropeos, americanos. Pero hoy las zonas de contacto son casi infinitas. Usted puede encontrar un centroamericano o un esloveno en cualquier ciudad norteamericana y un norteamericano en cualquier ciudad del mundo. Esa es una realidad insoslayable.

El otro problema, que se aleja de los intereses de este libro, es el de la comercialización o mercantilización de la tradición, proceso muy interesante y aún no muy estudiado.

Aprovechamos para mencionar la historia de la zanahoria y la agudeza visual.

En los momentos álgidos de la batalla de Inglaterra (1940) durante la Segunda Guerra Mundial, el gobierno británico corrió el bulo de que un grupo de pilotos de caza británicos derribaba tantos bombarderos alemanes durante la noche porque habían sido sometidos, durante años, a una dieta especial de zanahorias, lo que les daba una agudeza visual asombrosa. La realidad es que todo fue un engaño para encubrir, del espionaje hitleriano, el empleo de un nuevo recurso militar muy sofisticado entonces: el radar.

Futuro (o presente, ¿por qué no?): una churrascaría argentina, un McDonald's, una taquería, un restaurante de sushi y comida coreana, un Starbucks, un quiosco de Lindt, un puesto de comida cubano–española, un despacho de refrescos con frutas congeladas y un local de helados internacionales en la misma calle de una ciudad cualquiera de China, Brasil, EE.UU. o Europa, y todos limpios, descontaminados y certificados.¡*Enjoy*!

Cocinadores, cocineros y chefs

Cocinadores y cocinadoras fueron y son nuestras abuelas, nuestras madres, nuestras esposas (y los esposos también), esas tías que nos preparaban con cariño un flan de coco, o ese vecino amable que nos invita a unas pechugas de pollo a la brasa y una cerveza.

Los cocinadores alimentan al mundo y son billones. Todos, absolutamente todos, los cocineros y los chefs del planeta tuvieron y, probablemente, tienen un cocinador o cocinadora en su casa, que, por supuesto, casi nunca se menciona.

¿Cocinan mal los cocinadores? Pues sepa que cocinan para el 99.98% de la humanidad. Cumplido ese mínimo y merecido homenaje, hablemos entonces del otro 0.02%. Los cocineros.

Muchos de ellos hubieran preferido ser bomberos o abogados. Algunos lo lograron, como Anthony Bourdain que se hizo viajero, escritor y artista de televisión, o el vietnamita Ho Chi Minh, magnífico cocinero *gourmet* parisino, según cuentan, que terminó de dictador y vencedor de franceses y norteamericanos.

Una buena parte de los cocineros aman lo que hacen, pero le faltaron los recursos o el ego desmedido para subir el último escalón. Cocinan por dinero, de la misma forma que un médico o una maestra cobran por su trabajo. Hay millones de cocineros. Algunos hacen maravillas en la cocina, otros, por necesidad o abulia, hacen comida rápida en líneas de montaje. Y crecen y crecen porque cada vez comemos más en la calle.

Vamos entonces a la cima. Los chefs, los verdaderos chefs son un puñado. Cocinan —no mucho—, enseñan, crean escuelas y, al día de hoy, manejan los medios a su antojo.

Hagamos un poco de historia.

Buenos y malos cocineros hubo siempre, pero después de la Revolución Francesa, algunos de los mejores de los que cocinaban para los nobles, ahora exiliados o guillotinados, comenzaron a ofrecer sus servicios en hoteles, en el nuevo invento llamado restaurante o a los nuevos ricos creados por el imperio napoleónico. Los que tuvieron más visión establecieron clasificaciones y títulos que enaltecieran su forma de manipular y presentar los alimentos. Así nació la «alta cocina» o «gran cocina» (*Grand Cuisine*), que no limita la creatividad individual o étnica, sino que tiene que ver más bien con el empleo de aderezos muy costosos, presentaciones elegantes y elaboraciones complicadas y, sobre todo, con la imperiosa necesidad de un jefe que dirija a todo el personal y tome decisiones como si fuera un general en la batalla. Ese es el chef.

El primer gran chef, talentoso en la cocina y un genio para los negocios, fue Auguste Escoffier (1846-1935). Creó decenas de platos inmortales y ganó mucho, muchísimo dinero. Comandó, como un mariscal de campo —fue cocinero militar en su juventud—, las cocinas del Le Faisan d'Or (de su propiedad), en Cannes; el Gran Hotel de Montecarlo; el Hotel Nacional de Lucerna; el Savoy de Londres; el Ritz de París, en asociación con Cesar Ritz; y el Carlton de Londres.

Pruebe a encontrar alguien con ese currículo.

Escoffier trajo a Europa Occidental la denominada presentación a la rusa —plato a plato y con la aprobación del comensal— y la disciplina militar en las cocinas. Nombró a su manera de cocinar, preparar, aderezar y presentar los platos: cocina clásica, maniobra muy inteligente que le asociaba históricamente a cualquier manera respetable y digna de hacer en la cocina, al tiempo que le daba a Francia una prioridad, un lustre, que nadie le discutió en aquella época y que ha perdurado en el subconsciente colectivo hasta el día de hoy.

Bien mirada, la cocina clásica fue un paso importante —deconstructivo, diríamos hoy— en el ocaso de la comida étnica, pues nivelaba, como clásica (y francesa), cualquier intento de hacer gastronomía «elegante». Tan es así, que alrededor de 1970 comenzó una rebelión de chefs, promotores de una cocina más regional, menos dogmática y recargada, más libre, a la que se denominó *Nouvelle Cuisine* o nueva cocina.

Entre las grandes figuras de esta forma «revolucionaria» de cocinar se encuentran Fernand Point, Paul Bocuse (nacido en 1926 e iniciado en la durísima escuela del mercado negro y la resistencia francesa durante la ocupación alemana), Eugénie Brazier (todo un mito y la primera que alentó a un hijo suyo a triunfar como chef en Disney World), Eckart Witzigmann (el primero de los alemanes en ganar las tres estrellas Michelin), Alain Ducasse (toda una empresa él mismo, que genera más de 100 millones de dólares al año), Michel Bras, Gordon Ramsay (que ha hecho de la mala leche un arte y un buen negocio), Heston Blumenthal, Juan María Arzak, Karlos Arguiñano, Carme Ruscalleda, Ferran Adrià, Hervé This, Tetsuya Wakuda, Thomas Keller (según él, el mejor chef francés de los Estados Unidos), el argentino Francis Mallmann y decenas más.

Los chefs de televisión se han convertido hoy en estrellas, como Jamie Oliver, Nigella Lawson, Danny Boome, Tim Mälzer, Rachael Ray, Bobby Flay y un largo etcétera.

Tampoco olvidemos al simpático y sufrido ratón Ratatouille (creación de los guionistas Jan Pinkava, Jim Capobianco y Brad Bird) tocado por el don de la sazón justa, luchando contra la adversidad y la incomprensión.

Aunque hay que cuidarse la boca —por la boca muere el pez— para no engordar, compartimos la opinión de la chef de la televisión británica, Nigella Lawson, (verla a ella es una fiesta, no importa lo que cocine) expresada hace poco en una entrevista : «No tengo ningún placer culpable; la única cosa con la que uno se debería sentir culpable es no disfrutar del placer»

¿De acuerdo?

LA OBESIDAD
EL GRAN ENEMIGO A VENCER

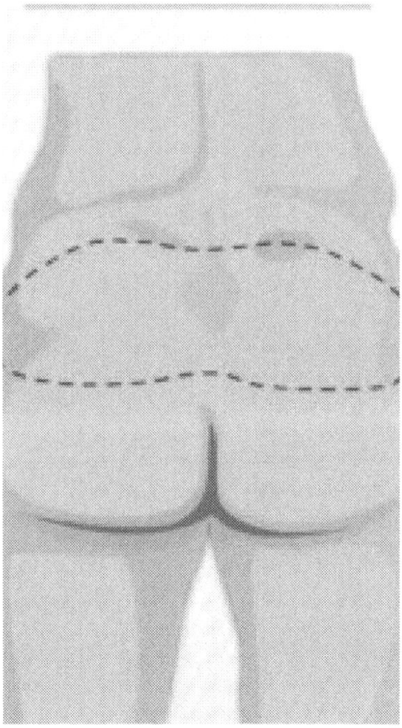

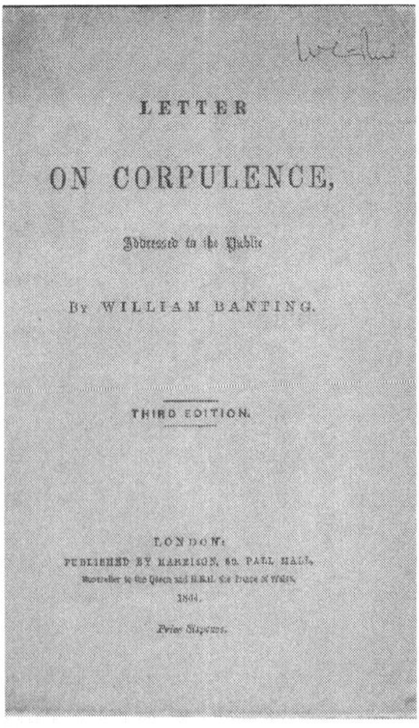
LETTER

ON CORPULENCE,

Addressed to the Public

BY WILLIAM BANTING.

THIRD EDITION.

LONDON:
PUBLISHED BY HARRISON, 59, PALL MALL,
Bookseller to the Queen and H.R.H. the Prince of Wales.
1864.

Price Sixpence.

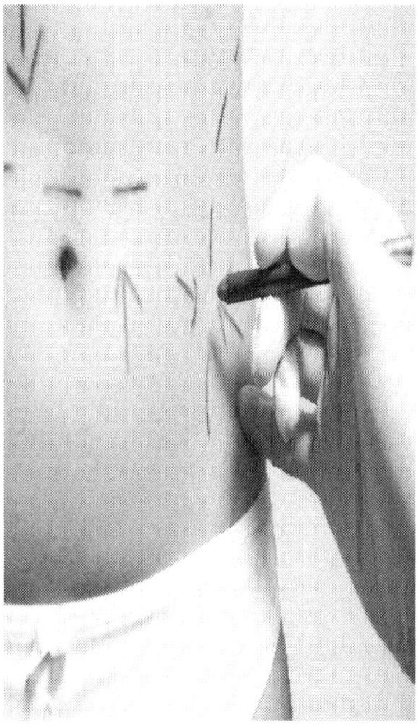

Capítulo 22

La guerra contra el exceso de peso

Bajar de peso, mantenerse en forma, estar sanos: una tríada obsesionante para millones de habitantes de los países del primer mundo y unos cuantos de los otros. Pero... ¿Cómo lograrlo?

La conducta lógica para controlar el exceso de peso, a la luz de lo que hemos dicho hasta aquí, sería comer muy poco, sobre todo alimentos hipocalóricos, y moverse mucho, hacer ejercicios, quemar calorías. Pero, en la vida real, no es tan fácil llevar adelante estas dos «simples» propuestas.

La experiencia enseña que la falta de tiempo, la vida laboral y social, la comida vagabunda, el relajamiento de la vida en familia, la falta de voluntad y otros muchos impedimentos hacen muy cuesta arriba estas metas que, por demás, deben ser para toda la vida, si queremos que sean efectivas.

Aquí es donde entran a jugar la multitud de atajos y trucos que el hombre se ha inventado para lograr el ansiado objetivo, pero, y este pero es doloroso, los adipocitos casi siempre ganan la batalla.

Revisemos someramente algunos de esos atajos y trucos, unos en el candelero y otros ya pasados de moda (aunque las modas vuelven de vez en cuando), pero dejando claro que tanto la prevención del sobrepeso y la obesidad, como el tratamiento de ambas condiciones, deben ser estudiados, si es del interés del lector, por textos escritos al efecto por profesionales capacitados o, mejor aún, consultando directamente a esos profesionales.

LAS DIETAS

El 23 de febrero de 1994, en un lujoso apartamento de Manhattan, fue encontrado muerto un hombre de 40 años de edad. La autopsia reveló que su cadáver pesaba 365 libras y que la causa directa del fallecimiento era una insuficiencia respiratoria debida a la obesidad mórbida, agravada por el consumo de medicamentos y drogas. Así terminaba la vida fulgurante y conflictiva de un gurú de la dietética, el doctor Stuart M. Berger.

Berger, graduado con honores de las universidades de Harvard y Tufts, descubrió muy pronto que tenía un talento innato para la divulgación científica y la comercialización de la misma. En rápida sucesión escribió *Dr. Berger's Immune Power Diet* (1985), libro donde narra su propia experiencia al bajar de 420 a 210 libras de peso, en unos meses; *How to be your own nutritionist* (1987); *The Southampton Diet*, también en 1987, y tres o cuatro más hasta poco antes de su óbito. Al momento de morir, su práctica médica ubicada en una espectacular consulta con amplios ventanales al Parque Central, estaba bajo investigación del Medical Board de New York, por asuntos relacionados con la ética.

En el año 2007, se llevó a cabo una interesante y poco común investigación sobre las palabras básicas que aparecen en la portada de los libros más vendidos (*bestsellers*) desde 1906 al 2006, cien años redondos, y el primer lugar lo ocupó la palabra *hombre*, el tercer lugar la palabra *house*, el quinto *sex/sexual*... ¿Y el segundo? Pues una palabra que apareció por primera vez en 1922, para ya nunca desaparecer: *diet*.

400 años antes de nuestra era, Platón decía que

había médicos que ordenaban dietas y, por tanto, eran buenos para los esclavos, y médicos que escuchaban, razonaban y explicaban, y por tanto, eran buenos para los ciudadanos.

Aunque nos parezca increíble, el concepto de «dieta», como lo entendemos hoy, no apareció hasta el siglo XX. Durante milenios, los médicos, los barberos, los sangradores, los boticarios, las abuelas, las amas de casa y cualquiera con buenas intenciones podía recomendar un alimento o aconsejar la eliminación de un alimento cualquiera por pesado o indigesto, o incluso, descubrir la acción benéfica de uno de ellos, como en el caso del escorbuto y los limones. Pero prescribir reglas estrictas y mortificantes para adquirir una nueva imagen corporal no se le había ocurrido, que sepamos, a nadie.

Los hombres lucían con orgullo sus barrigas (véase a Napoleón y su mano en el abdomen) y las mujeres oprimían las suyas con corsés y alambres para resaltar las caderas y los senos, muestras de una fertilidad que, a veces, se traducía en diez y quince hijos. Así fue por muchos años, hasta que con el final de la Primera Guerra Mundial... llegaron las dietas.

Antes habían aparecido algunos avances y tanteos. William Banting había escrito en 1862 su *Letter on corpulence, addressed to the public*, que pudo haber cambiado la historia, pero no había llegado su tiempo. Monsanto introdujo en 1879 la sacarina, pero no con fines dietéticos, sino para ofrecer un producto más barato que la azúcar refinada. Horacio Fletcher, conocido como *Chew-Chew Man*, preconizaba, alrededor de 1900, la necesidad de masticar y masticar los alimentos hasta hacerlos agua en la boca (entre sus adeptos se encontraba el multimillonario John D. Rockefeller), pero esa moda duró poco.

La actriz Greta Garbo fue una de las pioneras en cuidar la imagen corporal por medio de una dieta sana.

El «dietista» William Hay, que enroló entre otros clientes y seguidores a Henry Ford, ideó un sistema que no permitía el consumo de ciertas mezclas de alimentos, por ejemplo, azúcares con carnes. Pero lo estropeó todo cuando comenzó a exigir enemas rectales diariamente para eliminar venenos.

La Segunda Guerra Mundial trajo el experimento nutricional (da pudor decirlo) más espantoso que ha visto jamás la humanidad: los campos de concentración y el Holocausto. Millones y millones de hombres y mujeres fueron exterminados mediante la ausencia total, o casi total, de alimentos, pero lo asombroso es que algunos sobrevivieron a la experiencia y llegaron a recuperarse (físicamente se entiende). Stalin, con menos propaganda, eliminó también pueblos enteros de la misma forma, usando el subterfugio de la colectivización. Aquellas atrocidades, como pasa siempre con las grandes catástrofes, nos ayudaron a aumentar la comprensión científica de muchos procesos metabólicos y nutricionales.

De los años cincuenta a la fecha han aparecido centenares de dietas y miles de variantes. La dieta Shelton (1951) insta a la víctima, perdón, a la persona, a pasar hambre, así de simple. La dieta del matrimonio Pritikin apareció en 1975 —en plena efervescencia de los videos aeróbicos tipo Jane Fonda— y se basaba en comer muy poco y hacer muchos ejercicios. La dieta de la sudafricana Johanna Brandt se basa en comer solo uvas. La dieta de Victoria Principal (actriz del serial *Dallas*), data de 1987. La dieta Scardale, inventada por Herman Tarnower (asesinado a tiros poco después) fue ideada en 1982. La dieta de la sopa de tomate y cebolla la inventaron en un hospital inglés.

Raffaella Carrà, actriz y cantante italiana, ideó la dieta de las 8 de la mañana. Coma todo lo que quiera, pero antes de esa hora (¿Por qué las 8?). Los *hippies* inventaron la dieta del pomelo (toronja). Michel Montignac hizo una fortuna en 1987 con la dieta basada en no mezclar proteínas con hidratos de carbono. La dieta de la patata (papa) es de origen español. La cronodieta, del italiano Mauro Todisco (1991), alega que los carbohidratos se absorben de manera diferente de acuerdo con las horas, es complicada pero entretenida.

La llamada dieta de la Clínica Mayo donde solo se permiten huevos y más huevos, fue un fraude monumental —con consecuencias legales—, pues nada tenía que ver con el prestigioso hospital. La *Maple Syrup Diet* se hizo famosa, antes de desaparecer en el olvido, después de la película *Dreamgirls*. La dieta de los grupos sanguíneos se debe a Peter D'Adamo, un neurópata que la desarrolló en los años 50.

Los noventa nos trajeron dietas más elaboradas desde el punto de vista científico, lo que no quiere decir que estén bien diseñadas o carezcan de peligros. Algunos autores denominan a todas estas dietas o regímenes alimentarios como «heterodoxos», por su poca observancia fisiológica.

Weight Watchers es una dieta hipocalórica creada por un ama de casa obesa, Jean Nidetch, hace más de cuarenta años, y su fuerte es la terapia de grupo (como Alcohólicos Anónimos), devenida en un gigantesco negocio comercial. La dieta Ornish se basa en eliminar casi completamente las grasas. La dieta de Atkins ha sido la más controvertida y la que, generalmente, regresa de forma disfrazada. *The Zone Diet* fué creada por el Premio Nobel Barry Sears, devenido en empresario industrial. La dieta de South Beach también tiene el aval de un profesional respetado, pero su tiempo parece haberse acabado.

Sería interminable continuar mencionando cada una de las dietas que existen. La realidad es que todas, sin ninguna excepción, desencadenan lo que se ha dado en llamar: el fenómeno del yo-yo. Al principio se rebaja de peso por pérdida de agua y de tejido muscular, después se comienza a perder grasa, pero los adipocitos, que disponen de todo un sistema de defensa hormonal e inmunológico sumamente complicado, comienzan a defenderse y a incrementar sus reservas.

Si la persona consume pocas calorías y gasta suficientes con el ejercicio —durante toda la vida, que es la clave del éxito—, la grasa se mantiene baja, pero ese no es el caso con las dietas, que terminan, casi siempre, en un rebote de mayor aumento de peso.

Se estima que al descender el peso corporal por debajo de un 5-10% del peso inicial, comienza el proceso de rebote —dificilísimo de controlar—, que suele llevar entonces el peso por encima del inicial. Ese es el famoso yo-yo de alegrías y penas, bajadas y subidas, pero subidas cada vez más grandes.

AERÓBICOS Y ANAERÓBICOS. EL EJERCICIO FÍSICO

El músculo estriado, que es el que mueve nuestro esqueleto y por ende nuestro cuerpo, consume una gran cantidad de calorías. Si el músculo trabaja lo suficiente, crece, se hipertrofia, lo que a su vez incrementa el gasto de calorías, que unido a una ingesta suficiente, pero no excesiva, debe mantener a la persona dentro de límites normales de peso.

No vamos a recorrer aquí la historia del ejercicio físico —muy interesante e ilustrativa, por cierto— que se aleja del tema de este libro. Aclaramos que no existen ejercicios aeróbicos y anaeróbicos puros. Ambos coexisten en todas las formas y planes de ejercicios.

En el año 2005, la doctora Katherine M. Flegal publicó un interesante y polémico trabajo de investigación donde contradice el popular concepto de que las personas delgadas viven más.

Existen otras investigaciones que prueban que los maratonistas y corredores de larga distancia tienen expectativas de vida menores que la población en general.

El tema, como ya expresamos, debe ser estudiado en publicaciones especializadas y consultado con profesionales.

MEDICAMENTOS

Diversos medicamentos para tratar el sobrepeso y la obesidad se han utilizado desde hace relativamente poco tiempo. Ninguno, como las anfetaminas que incrementa la «estamina» de la persona e intenta disminuir el apetito o los que trabajan a nivel del intestino ayudando a limitar la absorción de las grasas, ha demostrado tener un efecto consistente y sí una gran cantidad de efectos colaterales, que han obligado a la retirada del mercado de algunos de ellos.

Lo cierto es que no contamos con medicamentos realmente eficientes y libres de complicaciones para tratar estas condiciones.

Nadie duda que el día que exista un medicamento equivalente a una vacuna o algo semejante, la historia de la obesidad puede sufrir un cambio trascendental. Pero ese momento aún no se vislumbra.

CIRUGÍA

La historia de las técnicas y procederes quirúrgicos que buscan mejorar la imagen corporal merecen un libro aparte.

Solo nos limitaremos a mencionar que pueden dividirse en tres ramas bastante bien delimitadas:

- La cirugía plástica, cosmética, reconstructiva o estética propiamente dicha, que generalmente elimina porciones de tejido graso y piel redundante, como puede ser el caso del abdomen o las mamas femeninas.
- La liposucción, inventada en Europa alrededor de 1974 y hoy muy mejorada por técnicas de ultrasonido y demás, pero también puesta en entredicho por un alto nivel de complicaciones y efectos colaterales negativos.
- La llamada cirugía bariátrica, la única verdaderamente dirigida a atacar una posible causa de la obesidad que es la hiperingesta alimentaria, y proyectada a disminuir la capacidad volumétrica del estómago del paciente, objetivo que puede lograrse de diversas maneras, ninguna de ellas exenta de riesgos y complicaciones.

Todas son hijas del siglo XX y su historia está imbricada con la historia de la cirugía general, la anestesia y los métodos de evitar las hemorragias, las infecciones y otras múltiples complicaciones, que, obviamente, no procede discutir en este trabajo.

INVESTIGACIÓN AVANZADA

Centenares de centros clínicos y laboratorios en todo el mundo trabajan sobre diversos aspectos de la obesidad.

Existen evidencias de que la flora intestinal humana puede estar involucrada en el incremento, o no, de la absorción de determinados nutrientes como los carbohidratos. El sistema inmune del organismo puede estar mediando, junto con los adipocitos, reacciones inflamatorias que hacen refractario el cuerpo humano a la disminución del consumo de calorías, perpetuando así la obesidad.

La hipótesis del tejido costoso (*expensive tissue hypothesis*), que se refiere al tejido cerebral, ha sido explorada como una causante del incremento de la necesidad de calorías extras en el ser humano.

Por su parte, las neurociencias se acercan más y más al mapeo de las zonas cerebrales implicadas en las adicciones, entre las que se incluye, claro está, la comida.

La comprensión del funcionamiento del genoma, ya decodificado hace tiempo, y sus genes y porciones no genéticas, del metaboloma, panorama total del metabolismo corporal, del proteinoma, compendio de todas las proteínas producidas por las células y sus funciones y del ambioma, relación entre fisiologismo y medio ambiente, van permitiendo, poco a poco, un acercamiento cada vez más estrecho al conocimiento de las causas últimas de la obesidad.

Y seguimos avanzando.

EL SÍNDROME DE PICKWICK

Charles Dickens, uno de los más importantes novelistas de todos los tiempos, nació en Portsmouth, Inglaterra, el 7 de febrero de 1812.

Entre 1835 y 1836, en entregas sucesivas —tal y como se hace ahora con las telenovelas— apareció *The Pickwick Papers*, una novela donde Dickens, que contaba solo veintitantos años, demostraba ya su formidable técnica literaria y su enorme capacidad de observación. El personaje principal de la obra es Mr. Samuel Pickwick, fundador del club que se haría famoso con su nombre, pero el arquetipo que ha quedado para la historia de la medicina y de la gordura es Joe, un personaje secundario en la trama.

Joe es un muchacho glotón, sumamente obeso y constantemente adormecido durante el día, debido a su mal dormir nocturno.

En 1956, ciento veinte años después de la aparición de la novela de Dickens, el equipo de investigación del profesor norteamericano C.S. Burwell publicó un trabajo científico titulado *Extreme obesity associated with alveolar hypoven-*

tilation; a Pickwickian syndrome. Se referían a un varón de 51 años de edad y casi 300 libras de peso que padecía de somnolencia, fatiga, trastornos nocturnos del sueño y una insuficiencia respiratoria grave. Entraba así en la terminología médica, el síndrome de hipoventilación pulmonar con sueño nocturno alterado debido a la obesidad mórbida y la compresión de los pulmones por la grasa torácica y abdominal. El Síndrome de Pickwick.

THE
KAREN
CARPENTER
STORY

CARPENTERS
40/40

Capítulo 23

Trastornos graves de la imagen corporal

El 4 de febrero de 1983 es declarada muerta, en el servicio de urgencias del Hospital Comunitario Downey, en un suburbio de Los Ángeles, California, una muchacha de 32 años de edad. La causa inmediata del fallecimiento es un fallo cardiaco agudo, pero llama la atención de los médicos que la atienden, el avanzado estado de emaciación y los edemas que presenta en los tobillos y las piernas.

En la autopsia se encontró líquido en los pulmones, inflamación y congestión del hígado y el bazo, y un tubo digestivo distendido y con depósitos de un material ya seco que se identifica como hojas de té.

Conversando con los familiares, el Dr. Edwards, que es el médico encargado, se entera que aquella muchacha tomaba hormonas tiroideas en cantidades tóxicas, a despecho de que no tenía padecimiento alguno de la glándula tiroides, ingería emetina (ipecacuana) varias veces al día, para procurarse el vómito, y se administraba, ella misma, varios enemas por día. Por supuesto que tampoco comía.

Desde el punto de vista científico murió por una intoxicación cardiaca causada por la emetina. Pero todos sabemos que murió de hambre.

El nombre de esta, en otro tiempo agraciada joven y destruida por su propia mano, era Karen Carpenter (1950-1983), una de las voces más melodiosas y bellas de la canción *pop* norteamericana. Además de cantante, fue una gran baterista y, andando el tiempo, reconoció que prefería cantar escondida detrás de la batería, para que no pudieran verla. Junto a su hermano Richard formó, en 1969, el dúo The Carpenters, con el cual recorrerían el mundo y colocarían, en solo siete años, 16 canciones en el primer lugar del *hit parade* nacional, vendiendo100 millones de discos, en los años que grabaron juntos.

Karen, de alta estatura y un peso aproximado de 140 libras, se veía a sí misma como una gorda. Quizás ella comprendía intelectualmente su situación, pero al verse en un espejo, no importa cuán delgada estuviera, la imagen que este le devolvía era la de una mujer obesa, deforme, y las feroces dietas y las sesiones extenuantes de ejercicios se renovaban.

Faltaban aún años para que las neurociencias comenzaran a develar, mediante el estudio de las neuronas espejo y las investigaciones con equipos de resonancia magnética funcional, los laberintos de estos trastornos.

En 1975, en la cima de su carrera, Karen tuvo que suspender una gira a Japón que estaba vendida al completo y donde ya había obtenido antes un éxito apabullante. Se detuvo la gira debido a su extrema debilidad y a su imagen de «campo de concentración», como la describió en una reseña, un periodista particularmente cruel.

Karen Carpenter dejó dos legados al morir: su bellísima voz, que hoy podemos escuchar en sus grabaciones y videos, y la publicidad que dio su fallecimiento a la condición, hasta entonces casi desconocida, conocida como Síndrome de Anorexia Nerviosa.

Ella decía a los médicos que intentaban administrarle, a la fuerza, nutrientes por vía endovenosa: *You win, I gain... pounds.*

La relación entre la obesidad, la anorexia nerviosa y la bulimia, dos trastornos neuropsicológicos severos de la imagen corporal, no está clara hasta el momento, pero es indudable que ambas condiciones, quizás dos formas de la misma entidad (el síndrome de atracones nocturnos sería una tercera forma), se han incrementado exponencialmente desde los años cincuenta, precisamente cuando el sobrepeso y la obesidad se han disparado en el mundo.

Sea como sea, son trastornos sumamente graves y muchas veces muy mal comprendidos por la familia y el entorno cercano de las víctimas. Víctimas que suelen ser, en su gran mayoría, adolescentes y muchachas jóvenes. La letalidad de estos trastornos es muy alta y los afectados requieren tratamiento precoz y muy especializado para evitar complicaciones que suelen llevar al deterioro orgánico grave y a la muerte.

Y no es extraño que las víctimas estén relacionadas con el mundo del arte y la moda. El caso del modelaje comercial y de las grandes casas de alta costura, ha llegado a extremos donde, incluso, la ley ha tenido que intervenir. Siluetas de delgadez inconcebible, «esqueletos armónicos» como se dijo ya en el siglo XVIII, son la imagen de la *top model.* Modelos que ganan salarios fabulosos, pero a costa de una vida extenuante y totalmente disfuncional.

Artistas de cine, presentadoras de televisión, bailarinas de *ballet* clásico y moderno, son sometidas a presiones enormes para que bajen y bajen cada vez más de peso. Algunas lo soportan, otras no, pero las que logran sobrevivir pagan precios muy altos, tanto físicos como psicológicos, por mantener la forma.

La relativamente reciente película *Cisne Negro*, del director Darren Aronofsky, trata tangencialmente el problema, pero para la prensa, sobre todo la sensacionalista, es un tema común.

Como acotó una vez Wallis Simpson: ¡nunca se es suficientemente rica ni se está suficientemente delgada!

¡Pareces un gordo de Botero!

A los 24 años de edad, la vida no le iba muy bien a Fernando. Era todo un artista, él lo sabía, pero sus contemporáneos aún no se habían enterado.

Un tío suyo quiso convertirlo en torero y él respondió al reclamo haciendo acuarelas de corridas de toros. Participó en algunas exposiciones en su ciudad natal, Medellín, y en la capital de su país, Colombia. Trabajó de ilustrador en un periódico de provincias y eso provocó que lo expulsaran de la escuela de arte donde estudiaba, por «pervertido». Se fue a Madrid y matriculó en la Academia de Arte de San Fernando. Siguió a París y prosiguió estudiando con una perseverancia inaudita. Estudió, con ahínco, técnica pictórica e historia del arte, calcó hasta el cansancio a los maestros, visitó museos. Se fue a Florencia. Se fue a México. Y en la capital de México tuvo su epifanía.

Botero nunca ha explicado con detalles cómo encontró su estilo: que si jugando con el volumen espacial de los cuerpos, que si intentando una forma de surrealismo muy sui géneris, que si la confluencia del viejo manierismo español con la sensualidad latinoamericana, que si buscando un expresionismo desproporcionado. Lo que fuere.

Simplemente, infló una figura y representó en esa figura a uno cualquiera de los personajes de la vida diaria: el cura, un osito de peluche, el político, el médico, un automóvil, un obrero, un ama de casa, un militar, un bebé del montón, una prostituta, una bicicleta, un abogado, una cuna, un cartero. Acababa de nacer el Boterismo. «La fascinación de la obesidad», y con su nuevo estilo, el reconocimiento internacional, el éxito y, por descontado, el dinero a espuertas. ¡Ah, y sus enormes esculturas obesas en muchas ciudades importantes del planeta!

Fernando Botero ha conocido la gloria y el sufrimiento. Ha ganado enormes cantidades de dinero y ha hecho inmensas donaciones. Es un trabajador sin descanso. Todo a lo grande.

Si la humanidad desapareciera y otra civilización llegara a la Tierra, las esculturas de Botero describirían ¿con exageración? a los humanos extinguidos.

Otros grandes artistas han pintado, descrito y representado personajes corpulentos: el Trimalción de Petronio, el Ciacco de Dante, el gordo Falstaff de Shakespeare, Gargantúa y Pantagruel de Rabelais, Sancho Panza, el Gordo y el Flaco, Porky y Petunia, Marlon Brando, Orson Welles, Pavarotti, Elvis Presley, pero muy pocos han encarnado la obesidad hasta convertirla en su sinónimo.

Ya no se dice Botero pinta gordos, no. Se dice ¡eres un gordo de Botero!

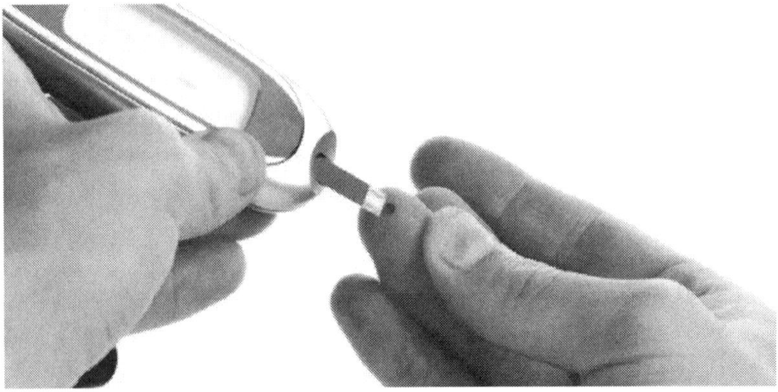

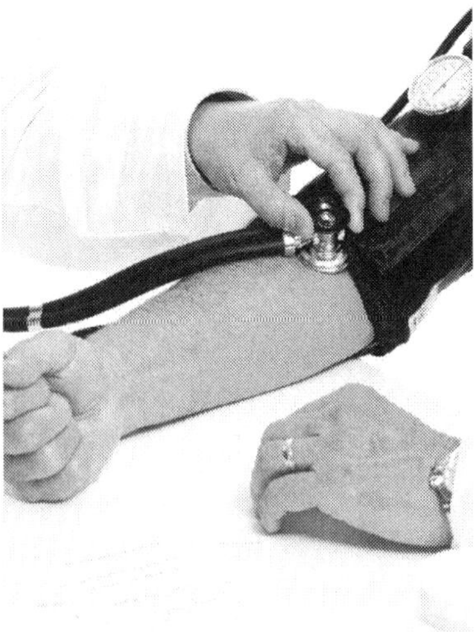

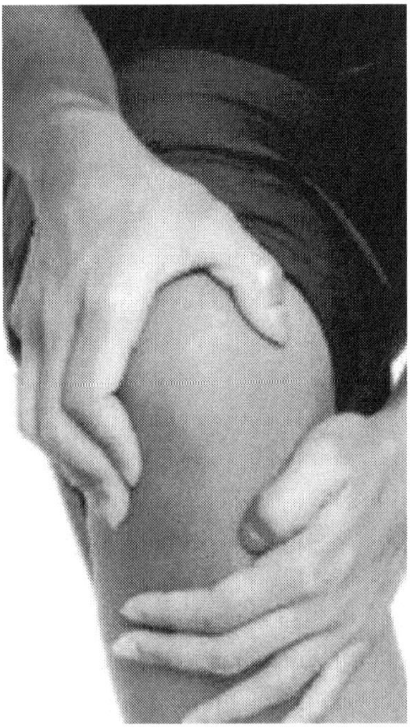

CAPÍTULO 24

¿ES LA OBESIDAD UNA ENFERMEDAD?

El Centro para el Control y Prevención de Enfermedades de Atlanta (CDC) nos informa en su reporte del año 2014, que unos 73 millones de norteamericanos padecen de sobrepeso u obesidad.

La Universidad de Puerto Rico en Río Piedras expone, en un estudio muy interesante, (año 2009) que aproximadamente el 60% de los habitantes de la isla sufren las mismas condiciones .

La Organización Mundial de la Salud (OMS) asevera que las personas con sobrepeso u obesidad triplican ya a los habitantes del planeta con hambre y desnutrición. Y todas estas instituciones consideran que la obesidad es una noxa que disminuye la calidad de vida y amenaza el futuro de la humanidad, entre otras razones, por su carga genética acumulativa y sus repercusiones negativas sobre la fisiología normal del individuo.

Pero no todos están de acuerdo.

Muchos investigadores y divulgadores consideran que la epidemia de obesidad se debe al enorme incremento del consumo de las comidas y bebidas hipercalóricas y a la disminución, cada vez más marcada, de la actividad física, por tanto, se trata de un tema de responsabilidad personal y no de una enfermedad adquirida por agentes externos incontrolados.

Ninguno de esos investigadores o divulgadores discute que la obesidad puede desencadenar verdaderas y muy serias enfermedades, como la diabetes *mellitus*, la hipertensión arterial, la insuficiencia pulmonar, enfermedades y lesiones articulares, e incluso ciertas neoplasias (cánceres), pero sin ser ella misma una patología.

¿Dónde está la verdad? Veamos los argumentos.

Los que sostienen que NO es una enfermedad aseveran que, si las personas con sobrepeso u obesidad decidieran dejar de consumir grandes cantidades de calorías, vacías o no, y comenzaran a moverse lo suficiente para gastar sus calorías en exceso, dejarían de ser obesas. Señalan que los niños se hacen obesos por una mala educación de sus padres y un mal manejo escolar, además, claro está, del bombardeo mediático propagandístico, que en definitiva es un problema económico y social. Como dice J. Justin Wilson, un investigador *senior*: si la obesidad es una enfermedad, entonces lo es de la sociedad y no de la persona.

Los que defienden que la obesidad SÍ es una enfermedad apuntan que: la obesidad tiene una predisposición genética innegable, lo que explica por qué hay personas sedentarias y comelonas de *fast food* que nunca llegan al sobrepeso. La obesidad es también un trastorno psicológico compulsivo que puede ser tratado médicamente. Como dice el profesor Scott Kahan (Universidad Johns Hopkins): la obesidad es una condición, un trastorno de la regulación del control del depósito de calorías a nivel celular, en la misma forma que la hipertensión arterial es una enfermedad de las arterias.

La obesidad conlleva cambios celulares, cuadros de inflamación, incremento de las grasas circulantes en la sangre —sobre todo las «malas»—, desbalances hormonales, aterosclerosis, cierto riesgo de padecer cánceres, serios problemas con la autoestima e incremento de la depresión, hipertensión arterial, hipertensión del flujo de aire pulmonar, trastornos del sueño, lesiones de los huesos y articulaciones, dificultades al desplazamiento y muchas otras enfermedades.

Resumiendo. Sin la menor duda existe un elemento socioeconómico en la obesidad, pero asociado a una predisposición genética que hace factible la aparición de la misma.

Para el autor de este libro, médico de profesión, la obesidad SÍ es una enfermedad, pero facilitada, cada vez más, por la distorsión y disfunción del estilo de vida actual.

No obstante, el tema no está cerrado a la discusión. Opine usted.

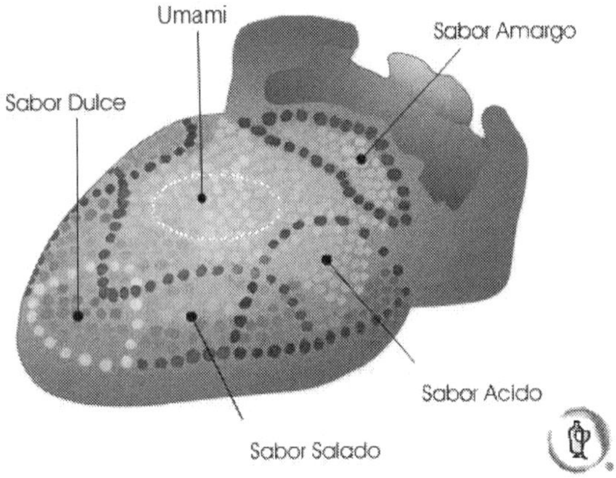

UMAMI BUENO, UMAMI MALO

Sabor es más que gusto.

En la escuela nos enseñaron cuatro gustos básicos: dulce, ácido, salado y amargo. Gustos que los progresos de la microanatomía y la fisiología han ido relacionando con varios tipos diferentes de papilas gustativas diseminadas en la parte superior y los laterales de la lengua.

El sabor es mucho más que la simple mezcla de gustos, pues depende en un 70% o más de la nariz y del cerebro. Es por eso que cuando tenemos una rinitis, toda la comida nos sabe igual de sosa, o cuando existe una lesión cerebral se pierden los sabores.

Para los científicos, lo picante, lo astringente y lo cremoso no son gustos, sino un efecto químico que ellos denominan quemestesis. Un buen ejemplo es el mentol que deja, por algún tiempo, una sensación de frío en toda la boca y la nariz, y no es un gusto.

Pero el que vino a complicarlo todo fue un japonés.

En 1908, hace más de cien años, un profesor de la Universidad Imperial de Tokio nombrado Kikunae Ikeda, que amaba el sabor de los pescados crudos y las algas que ingería casi todos los días, llegó a la conclusión de que estos alimentos no eran dulces, ni ácidos, ni amargos, y aunque podían tener alguna salinidad, tampoco eran salados. ¿A que sabían entonces?

Ikeda analizó en su laboratorio cientos de sustancias extraídas de los alimentos que a él tanto le gustaban, hasta que dio con la sal de un aminoácido llamado ácido glutámico.

El ácido glutámico forma parte de las proteínas de estos productos y de muchísimos más, como las carnes, varios tipos de quesos, los tomates y diversos vegetales. Ikeda, que era un buen químico, denominó a esta sustancia glutamato monosódico. Y fue aún más lejos, sintetizó cierta cantidad de la sustancia y se la añadió a cosas que no tenían sabor, como el agua caliente con fideos sin sal, y descubrió, con alegría, que se volvían «sabrosas». Y como sabroso en japonés se dice *umami*, pues Ikeda llamó *umami* al quinto sabor activado por el glutamato monosódico.

Y poco a poco todo el mundo fue aceptando que además de los sabores tradicionales, *umami* era un gusto de pleno derecho que permitía responder a muchas incógnitas gastronómicas.

Tendrían que pasar 93 años para que investigadores de la Universidad de California (UCLA) identificaran, en el año 2001, unas papilas gustativas ubicadas en la parte central de la lengua que perciben específicamente el gusto *umami*. Descubrieron además que otras proteínas, aparte del glutamato monosódico, activan estas papilas. También se descubrió que la cantidad de papilas en la parte central de la lengua varía de una persona a otra. Hay personas que tienen muchas y se les llama *supertasters*, y otras tienen muy pocas y disfrutan menos de las delicias de comer como los dioses. Cuando vaya a burlarse de una de esas infelices personas que se contentan con cualquier cosa insípida de comer —espaguetis sin sal y algo por el estilo—, piense que por culpa de una genética enrevesada pueden carecer de suficientes papilas de *umami* en su lengua. Sea benévolo.

¿Y la obesidad?

En la última década, varios estudios parecen demostrar que el glutamato monosódico y otras proteínas semejantes tienen un efecto multiplicador, algunos dicen que adictivo, sobre el apetito. Un efecto que puede llevar a que el cerebro pierda, momentáneamente, los mecanismos que limitan la cantidad de comida ingerida.

El fenómeno se explica muy bien con el ejemplo de las papas fritas, mientras más comemos más queremos comer, sobre todo si se acompañan de kétchup.

La mayoría de las salsas, por no decir todas, son básicamente *umami*. La más *umami* de todas es la salsa de soya (conocida como salsa china), que regamos sin mucha medida sobre la comida china —o lo que por este lado del planeta nos han hecho creer que es comida china—. Le sigue de cerca el kétchup, que es la salsa más consumida en decenas de países y la más consumida por los niños y adolescentes, sobre todo regada generosamente sobre cualquier comida, especialmente la *junk food*.

Veamos ahora el cuadro completo. La industria alimenticia sabe que el sabor *umami* tiene elementos adictivos en niños y adolescentes. Casi toda la comida rápida es *umami*, independientemente que sea de buena o mala calidad. Los niños y jóvenes prefieren lo conocido, que es *umami*, a lo nuevo —neofobia— que puede ser de mayor rendimiento nutritivo, pero no es *umami*. El gusto *umami* de estas comidas se fija en la lengua y el cerebro (retrogusto) y se convierte en un hábito: adicción.

Aquí se cierra el círculo que puede ayudar a explicar, entre otros factores, la pandemia de obesidad.

La obesidad es ya una pandemia y los costos se elevan y multiplican a cifras y hechos impensables en otras enfermedades.

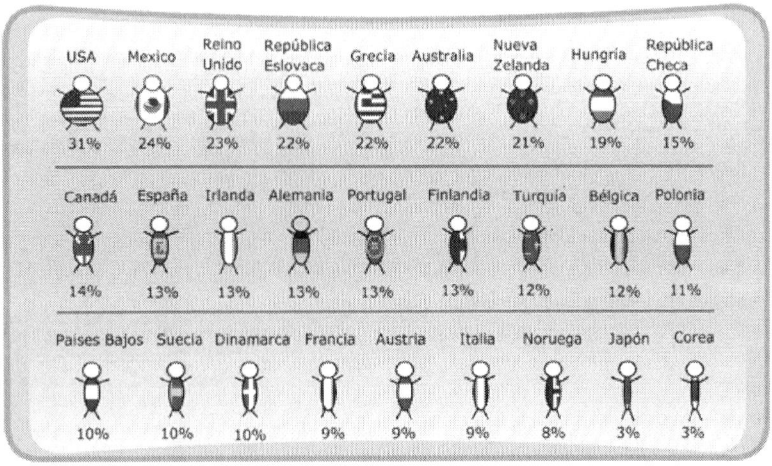

La obesidad en el mundo

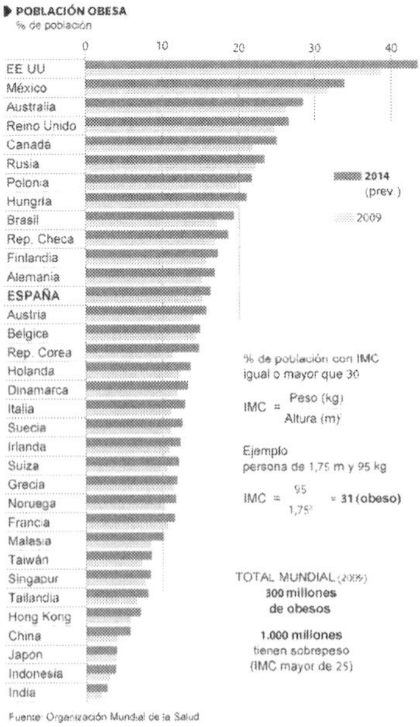

Capítulo 25

El futuro de la obesidad

Comencemos este último capítulo con una afirmación que funciona al mismo tiempo como una definición.

La obesidad, la gordura, para decirlo en lenguaje popular, es la expresión física de una predisposición que está implícita en el genoma humano, o de muchos humanos, pero también en el genoma de otros animales, porque nuestras mascotas, perritos y gaticos, también se ponen obesos cuando viven con nosotros, igual que los cerdos, las vacas, los pollos en las granjas y los leones y monos en los zoológicos.

Y esa predisposición se manifiesta —se convierte en expresión física— cuando las condiciones medioambientales facilitan su aparición: sedentarismo, exceso de comidas hipercalóricas, adicciones, estrés, y muchos más.

La obesidad es ya una pandemia y los costos se elevan y multiplican a cifras y hechos impensables en otras enfermedades. Pero hay más.

En el año 2014, por primera vez desde el siglo pasado (1993, cuando el acmé de la crisis del SIDA), la expectativa de vida de los norteamericanos cayó de 78.9 años a 78.8 años. Aunque parece poco, una décima de punto, la cifra es alarmante porque significa una reversión de un proceso positivo que no hacía más que crecer. El hecho se ha achacado a las denominadas *despair deaths*: alcoholismo, drogas, suicidio y a la obesidad. Pero lo más grave es que las estadísticas muestran que estas muertes ocurren en personas jóvenes.

El tema es complejo y en él entran los problemas con los seguros de salud y la desigualdad creciente entre los norteamericanos, pero lo que nadie puede dejar de ver es que la obesidad crece incesantemente entre los jóvenes —y no solo entre ellos— norteamericanos.

Veamos tres ejemplos tomados al azar. Cifras del ejército de los Estados Unidos dadas a conocer en el año 2013, muestran que el 25% de los varones y el 40% de las muchachas en edad de reclutamiento no son aceptados o son dados de baja por obesidad . Las camillas para obesos son imprescindibles en los países del primer mundo. Las aerolíneas gastan tanto combustible por el aumento promedio del peso de los pasajeros como por el equipaje.

Pero la otra cara de la pandemia de obesidad y de la espiral de costos es la investigación extensiva y sustantiva. Todos saben que en la erradicación o, por lo menos, el control del sobrepeso y la obesidad hay ganancias enormes y glorias a granel. Innumerables investigadores, como ya hemos señalado anteriormente, se esfuerzan por encontrar las causas orgánicas de la condición. El Premio Nobel puede hallarse a la vuelta de la esquina.

Si medicamentos como la Viagra, los antidepresivos y los anticolesterolémicos han dado ganancias billonarias a las compañías farmacéuticas, imaginen las que darían productos que fueran realmente efectivos contra las condiciones de sobrepeso. Quizás ese futuro no esté tan lejos.

Por otra parte, sectores de la población han comenzado a enfrentarse a la indudable discriminación social y laboral que padecen los pasados de peso. Los movimientos como *Fat Pride, Size Acceptance, Fat Liberation* y otros, tienen razón en exigir un trato normal no discriminatorio para los obesos. Eventualmente, estos movimientos crecerán en el futuro.

El futuro, bueno o malo, se mostrará por sí mismo, pero cualquier actitud indolente y no proactiva relacionada con el gran problema de la pandemia de obesidad, sea a nivel personal, familiar, científica, social, política, escolar o gubernamental, es simplemente irresponsable.

Sería formidable que libros como este no encuentren motivos de nuevas reediciones, salvo para contar a todos cómo se acabó, por fin, con la pandemia de obesidad.

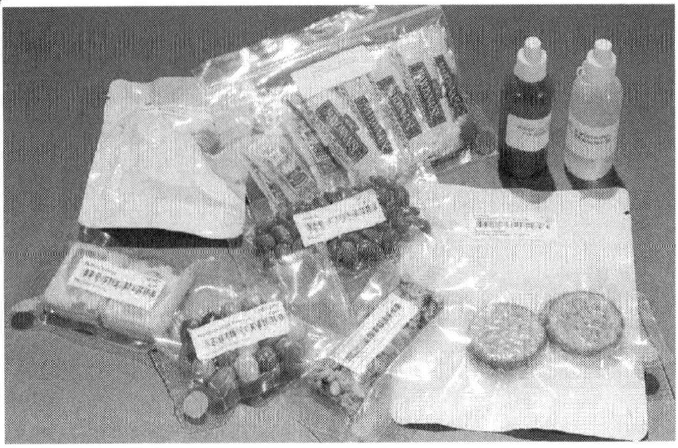

¿QUÉ COMEN LOS ASTRONAUTAS?

Los primeros viajes al espacio exterior, en los años sesenta del siglo XX, no representaron un problema desde el punto de vista de la nutrición porque eran muy cortos, apenas unas pocas horas o quizás, como máximo, un día o dos. Pero a medida que los vuelos, tanto de cosmonautas rusos como astronautas norteamericanos, se fueron extendiendo, «qué comer en el espacio» se fue convirtiendo en una preocupación nada desdeñable para los planificadores en tierra.

Los dos primeros retos a solucionar para «qué comer» fueron la ingravidez, o sea, la ausencia de fuerza de gravedad en la nave, que hacía que todo flotara, y en segundo lugar, el envase y conservación adecuada de los alimentos.

Al principio, se solucionaron ambos problemas deshidratando la comida, o sea, eliminando toda el agua que contenía, lo que la convertía en polvo. Se envasaba entonces ese polvo en bolsitas de plástico, o convirtiendo los alimentos en pastas, quizás un poco más pasables, y metiéndolos dentro de tubos como los de la pasta de dientes.

A los astronautas no les gustaba el sabor de esos alimentos y se daba el caso de algunos que descendían de sus misiones con alta pérdida de peso corporal, simplemente porque preferían no comer aquello, desoyendo las órdenes de sus superiores y controladores.

A medida que se fue adquiriendo experiencia en vuelos sucesivos, la calidad de las comidas mejoró y los alimentos se hicieron más balanceados, digeribles y nutritivos. En los años 80 y 90, la tecnología, tanto en la preparación de alimentos como en la miniaturización de los equipos, permitió que los astronautas comieran preparaciones frías o calientes, de acuerdo a las necesidades y gustos, que el sabor de los mismos fuera agradable y que se pudieran utilizar salsas y otros añadidos que hacen la comida más atrayente.

Los viajes de meses de duración y las estancias en la Estación Espacial Internacional han producido una enorme cantidad de información acerca de estos temas. Diversos laboratorios de investigación, ya no solo en los Estados Unidos y Rusia, sino también en países como China, Japón, Francia, Israel y Canadá, han enriquecido los conocimientos tanto nutricionales como de preservación y presentación alimentaria bajo condiciones de ingravidez y aislamiento prolongados.

El nuevo reto está ahora en los viajes que se están ya planificando a lugares tan distantes como el planeta Marte, o a misiones de otra índole, como la captura de pequeños asteroides con fines de estudio, o de meteoritos en curso de colisión con la Tierra.

Los requerimientos nutricionales de las personas en el espacio exterior cambian y se modifican, más aun, a medida que la ingravidez se extiende por meses, o incluso años.

Por ejemplo, las necesidades calóricas humanas disminuyen debido al decrecimiento de la resistencia y la masa muscular —lo que constituye, de por sí, un gran problema fisiológico y médico—, pero las necesidades de calcio se incrementan debido a la pérdida de este mineral por los huesos (osteoporosis de la ingravidez), lo que crea, a su vez, la posibilidad de que este calcio se deposite en los riñones y produzca cálculos renales, las llamadas piedras en los riñones.

Los efectos osteomusculares de la ingravidez no influyen solo en el peso corporal del astronauta, sino también en su talla —probablemente por estrechamiento de los discos intervertebrales—.

En dos palabras, un astronauta después de un viaje de seis meses o más de duración, vuelve a la Tierra más delgado, menos fuerte muscularmente y más bajo, debido precisamente a la poca resistencia de los músculos alrededor de la columna vertebral, aunque cuatro o cinco semanas después disminuirá su talla a causa de la pérdida de calcio en los huesos (osteoporosis) con la consiguiente compresión vertebral.

No hemos hecho más que mencionar un par de problemas que deben enfrentar los médicos y fisiólogos que se dedican a esta interesante y bastante novedosa rama de las ciencias biológicas. El hecho es que estos y muchos otros problemas deben resolverse, y seguramente serán resueltos, trayéndonos nuevas ideas y conocimientos que pueden afectar, para bien, otros sectores del conocimiento humano.

Pero no se amilane, inscríbase en el curso de astronautas.

Epílogo

La Asociación Médica Norteamericana (AMA) declaró recientemente que la obesidad, además de un factor de riesgo para la salud, es una condición patológica, o sea, una enfermedad.

Esta declaración, aunque aparentemente obvia, es muy positiva, pues permitirá tratar de una manera mucho más eficaz a los millones y millones de norteamericanos que padecen esta condición, ahora reconocidamente mórbida.

También facilitará el manejo de los jóvenes con sobrepeso, al evitar el temor a crear malos entendidos y descalificaciones al referirse a una condición orgánica específica que no era asumida como una entidad patológica, o sea, como una enfermedad. Facilitará asimismo el incremento de la presión sobre las compañías farmacéuticas para buscar nuevos medicamentos para combatir esta pandemia, y sobre los fabricantes y empaquetadores de comidas para controlar su incesante oferta hipercalórica.

Es una buena noticia... si cumple sus propósitos.

Referencia de Fotografías

Página **16**: Venus of Willendorf, c. 24,000-22,000 B.C.E., limestone 11.1 cm high (Naturhistorisches Museum, Vienna).

Página **26**: Tiburon de Hakarl/Tomado de http://www.sopitas.com/416052-10-platillos-que-no-te-atreverias-a-comer-nunca/.

Página **28:** A rendering of Neanderthals cooking and eating. The ancient humans inhabited Europe and western Asia between 230,000 and 29,000 years ago(Mauricio Anton/ Science Source http://www.sciencesource.com/).

China: Hallan evidencia que el hombre utilizó el fuego hace 600.000 años. Artículo publicado en MysteryPlanet.com.ar: China: Hallan evidencia que el hombre utilizó el fuego hace 600.000 años http://mysteryplanet.com.ar/site/china-hallan-evidencia-que-el-hombre-utilizo-el-fuego-hace-600-000-anos/.

Página **33**: En la edición del 3 de enero de 1863, del Harper's Weekly. http://www.steinerag.com/flw/Periodicals/Harpers.htm

Página **36**: Foto tomada de: https://reydekish.com/2015/08/21/catal-huyuk/

Página **42**: Foto tomada de: http://animaux.l214.com/var/albums/foie-gras/enquete-2012/cages-individuelles/06-gavage-foie-gras-cages-individuelles-France-2012

Página **46:** Foto tomada de : https://es.wikipedia.org/wiki/Roemer-_und_Pelizaeus-Museum_Hildesheim

Página **52:** Foto tomada de http://www.cefnoticias.com.ar/plat/cef-noticias-8-de-cada-10-frutas-y-verduras-estan-contaminadas-con-agrotoxicos/

Página **55:** Plaza en Templo de Atenea de Delfos (http://www.minube.com/fotos/rincon/1674/229209)

Apollo Belvedere: © 2005. Photo: S. Sosnovskiy.

© 1986 Text: Guide to the Vatican: Museums and City. Pontifical Monuments, Museums and Galleries. Tipografia Vaticana, p. 41.

Venus de Milo: Hamiaux, M., Les Sculptures grecques, II, Paris, 1998, no. 52, pp. 41-44/ Source/ Photographer Jastrow (2007)

Athena Parthenos: Photograph by Dean Dixon, Sculpture by Alan LeQuire

Página **61**: https://commons.wikimedia.org/wiki/File:Cochinillo_asado-Madrid.jpg

Página **64:** http://www.onmarkproductions.com/html/big-buddha-japan.shtml.

Página **69:** http://www.onmarkprod

uctions.com/html/big-buddha-japan.shtml

Página **72: Nerone a Baïa/** https://commons.wikimedia.org/wiki/Creator:Jan_Styka/ https://commons.wikimedia.org/wiki/User:M0tty

Sacorfago de Chiusi: http://www.flickr.com/photos/24511017@N03/3170448763/

Página **79:** https://placeralplato.com/postres/pastel-de-almendras

Página **82:** Adán y Eva / Óleo sobre lienzo, 240 x 186 cm. Tiziano, Vecellio Di Gregorio.

Caifá: https://pasionenzaragoza.blogspot.com/2009/02/los-personajes-de-la-pasion-judas-anas.html

Página **88:** La Gula/ Banquet in the Pine Forest. Botticelli La storia di Nastagio Degli Onesti

Página **90:** *Turkish Bath*, Jean Auguste Dominique Ingres

Mahoma: http://culturacolectiva.com/aisha-the-feminist-mother-of-the-believers-in-islam/

Página **96:** http://spanishsabores.com/2015/12/03/16-spanish-words-you-need-know-before-dining-out-in-spain/

Página **98:**Marco Polo/ http://www.biography.com/people/marco-polo-9443861

China/ Arroz/ http://en.mercopress.com/2015/05/08/china-superpower-it-relies-on-imports-for-energy-iron-and.water-for-food

Palitos chino: http://www.nippon.com/es/features/jg00060/

Página **104:** http://www.japan-guide.com/e/e2080.html

Página**114:** https://durasalud.wordpress.com/2016/01/23/hipotalamo/

Página **108:** http://www.wikiwand.com/en/The_Hershey_Company/ http://blog.hersheyarchives.org/tag/milton-hershey/page/3/

Página **116:** https://durasalud.wordpress.com/2016/01/23/hipotalamo/

Página **121:** http://jcdonceld.blogspot.com/2012/12/la-conquista-otomana-de-constantinopla.html

https://commons.wikimedia.org/wiki/File:Gaetano_Gandolfi_-_Alexander_and_Diogenes.jpg

Página **124:** http://www.fleischerstudios.com/

https://moimunanblog.com/2014/02/13/santa-catalina-de-ricci/

Página **130:** https://en.wikipedia.org/wiki/Apicius

Página **134:** https://commons.wikimedia.org/wiki/File:Peter_Paul_Rubens_-_The_Feast_of_Venus_-_Google_Art_Project.jpg

El enano de Morgante: https://commons.wikimedia.

org/wiki/Category:Nano_Morgante

Portrait of Henry VIII (Walker Gallery copy): https://en.wikipedia.org/wiki/Portrait_of_Henry_VIII

Página **140:** https://www.nga.gov/exhibitions/2010/arcimboldo/arcimboldo_brochure.pdf

Página **144:** https://en.wikipedia.org/wiki/Juicy_Fruit

Página **149:** https://en.wikipedia.org/wiki/Document

Página **152:** https://commons.wikimedia.org/wiki/File:1880_Grand_Central.jpg

Henry Ford: Henry Ford examining an early example of a Flathead V8/ http://www.automotivehalloffame.org/blog/mr-ford-muscles-up?page=3

Cornellius Vanderbilt: https://en.wikipedia.org/wiki/Cornelius_Vanderbilt

Página **155:**Portrait of Daniel Lambert by Benjamin Marshall, 1807.

Página **158:** https://en.wikipedia.org/wiki/The_Population_Bomb

http://metabolicreset.org/high-fructose-corn-syrup-or-sugar/

Página **163:** Les Trois Freres Provencaux. H. Roger-Voillet, 1842

Página **166:** https://www.pinterest.com/kenschilling/vintage-photos-of-white-castle-burgers/

http://www.retroland.com/coca-cola/

Página **178:** http://www.laspesainfamiglia.coop/News-ed-Eventi/Notizie/Tanti-prodotti-in-offerta-2x1-e-sconto-40

Página **180:** http://schools.natlib.govt.nz/multimedia/primary-sources/advertising-new-zealand/television

https://www.timetoast.com/timelines/historia-de-los-medios-de-transporte

Página **191:** Benefits Supervisor Sleeping, 1995 by Lucian Freud: 'Her proud mountain of flesh is a source of wonder and amazement.' Photograph: Courtesy: Lucian Freud Archive

Página **195:** http://www.medicarebsb.com.br/?lightbox=dataItem-iobgx0ca
http://www.merca20.com/gimnasios-de-bajo-costo-el-nuevo-boom-que-hay-que-voltear-a-ver/

Página**197:** https://www.hogaruniversal.com/sabor-de-hogar/recetas/2099-desayuno-americano

Página **200:** Recipe: Cuban Sandwich | Kitchn
The Kitchn640 × 427(Image credit: Kelli Foster)
https://en.wikipedia.org/wiki/Ketchup
http://guias-viajar.com/estados-unidos/california/san-francisco-chinatown-ambiente-barrio-chino/

Página **206:** http://www.terapeak.com/worth/the-escoffier-cookbook-guide-to-the-fine-art-of-cookery-1969/111224387535/

Página **212:** http://www.abogadosdq.com/2015/10/la-nueva-tendencia-jurisprudencial-de.html
https://liposuccion.ooreka.fr/comprendre/liposuccion-fesses
https://www.amazon.com/Bergers-Immune-Power-Diet-Signet/dp/0451141113
https://proteinpower.com/drmike/2007/08/22/bantings-letter-on-corpulence/

Página **222:** https://en.wikipedia.org/wiki/The_Pickwick_Papers

Página **224:** https://en.wikipedia.org/wiki/The_Carpenters

Página **228:** Botero by Armando Nuviola

Página **230:** http://goizbiomagnetism.com/david/biomagnetism-diabetes-mellitus/?lang=en

Página **234:** http://www.foodvac.es/umami-el-quinto-sabor/

Página **238:** http://www.pronutrition.com.mx/notas/sobrepeso-obesidad.html
http://ipsalternativabiologica.com/terapias/terapia-para-la-obesidad.html
http://www.who.int/mediacentre/factsheets/fs311/es/
Página **242:** http://pablohiriart.com/2015/11/25/conoce-la-alimentacion-de-los-astronautas-en-el-espacio/

OTROS TÍTULOS DE LA EDITORIAL

Ray Barretto, fuerza gigante

Robert Téllez Moreno

Serafina Núñez, La verdad amaneciendo

Osmán Avilés

Carlos Ruiz de la Tejera, La fuerza de la vocación

Joan Pablo Fariñas

Los Último Días de Jaime Partagás

Miguel Sabater Reyes

Flores para una Leyenda, Yarini, el rey de San Isidro

Miguel Sabater Reyes

Raíces del Palo Monte en Cuba

Manuel Álvarez Ferrer

Vida y Forma en José Martí

Ángel Velázquez Callejas

Arsenio Rodríguez, el profeta de la música

Jairo Grijalba

69583889R00154

Made in the USA
Columbia, SC
18 April 2017